钢铁工业的能效评估方法
与节能减排措施

何坤　王立　著

北　京
冶　金　工　业　出　版　社
2019

内 容 提 要

本书内容涉及钢铁流程能耗评价方法与能源优化调控领域。首先，在对现有钢铁生产能耗指标分析的基础上，提出了适用于不同流程结构能效差异对比的"吨钢定比能耗"指标，并对我国钢铁生产能源效率变化进行比较分析；其次，从钢铁生产电力需求端和电力供给端出发，提出了炼钢工序电力负荷调配和发电煤气资源储能调峰两种钢铁生产电力负荷控制方法，并分析了其为钢铁企业带来的经济效益，及通过平衡电网获得的节能减排效益；最后，结合多因素耦合模型分析，明晰了中国钢铁工业能耗实际水平和节能潜力，提出了未来钢铁行业的主要节能方向。

本书可供冶金工程、能源动力工程等相关学科的科研工作者和研究生阅读，也可供钢铁生产、能源效率评价、节能潜力分析等相关领域的研究人员和工程技术人员参考。

图书在版编目(CIP)数据

钢铁工业的能效评估方法与节能减排措施/何坤，王立著. —北京：冶金工业出版社，2019.10

ISBN 978-7-5024-8238-1

Ⅰ.①钢… Ⅱ.①何… ②王… Ⅲ.①钢铁工业—节能减排—研究—中国 Ⅳ.①F426.31

中国版本图书馆 CIP 数据核字（2019）第 235385 号

出 版 人 陈玉千
地　　址 北京市东城区嵩祝院北巷 39 号　邮编 100009　电话 (010)64027926
网　　址 www.cnmip.com.cn　电子信箱 yjcbs@cnmip.com.cn
责任编辑 宋 良　美术编辑 吕欣童　版式设计 孙跃红
责任校对 郑 娟 责任印制 李玉山
ISBN 978-7-5024-8238-1
冶金工业出版社出版发行；各地新华书店经销；三河市双峰印刷装订有限公司印刷
2019 年 10 月第 1 版，2019 年 10 月第 1 次印刷
169mm×239mm；7.5 印张；146 千字；111 页
49.00 元

冶金工业出版社　投稿电话 (010)64027932　投稿信箱 tougao@cnmip.com.cn
冶金工业出版社营销中心　电话 (010)64044283　传真 (010)64027893
冶金工业出版社天猫旗舰店 yjgycbs.tmall.com
（本书如有印装质量问题，本社营销中心负责退换）

前　言

　　钢铁行业是能源、资源密集型产业，是典型的高耗能、高污染行业，因此，提升钢铁生产能源效率，一直是我国节能工作的重点。过去二十几年里，我国钢铁企业通过生产结构调整和技术进步等方式，大幅提升了系统能效。目前，在我国重点钢铁企业中，生产节能技术已经有了广泛的普及应用，一些节能技术的普及率，已达到世界首位。但是与世界先进水平相比，我国吨钢能耗水平仍然偏高，未来如何有效降低钢铁生产能源强度，仍是一个重要问题。基于此，本书对我国钢铁生产能源消耗问题进行了一系列的研究。

　　(1) 在国际钢铁生产大背景下，介绍了钢铁工业的产量及流程，并综述了关于钢铁生产能源消耗、能源效率评价、节能潜力分析、工业生产电力负荷管理及节能理论的文献。同时，针对中国钢铁工业生产现状，分析了典型能耗影响因素对生产能耗水平的影响，以及它们之间的联系和相互约束关系。

　　(2) 基于废钢单耗和流程结构对钢铁生产能耗的显著影响，在分析现有吨钢可比能耗指标局限性的基础上，通过提出新的能耗指标——吨钢定比能耗指标，对我国重点钢铁企业 2006～2016 年生产能源强度变化的原因进行分析：分别在电热当量法和发电煤耗法下分析了钢铁生产技术、废钢比、流程结构和发电技术水平等因素对钢铁生产能源强度的影响。日本一直被认为是世界钢铁生产能源效率最高的国家，与日本相比，中国钢铁生产能源强度偏高。为了找出能源强度差距的原因，本书综合比较了我国重点钢铁企业和日本钢铁企业的吨钢可比能耗和吨钢定比能耗，分析了钢铁生产技术水平、废钢比、流程结构和发电技术水平等因素对能源强度差异的影响。

（3）从钢铁生产电力需求端和供给端出发，提出了两种钢铁生产电力负荷控制方法，分别为生产工序电力负荷控制和自备电厂发电煤气"储能调峰"利用模式，并分析了这两类方法节约企业生产电力成本的效果。在此基础上，通过建立火电调峰机组运行模型，分别分析了平衡电网后"低负荷"模式调峰机组和"两班制"模式调峰机组的节能减排效果。结果显示，对钢铁企业而言，实行生产工序电力负荷管理可以为企业节约大量生产电力成本；从电力供给侧分析，钢铁工业的生产工序电力负荷管理有助于平衡电网峰、谷负荷波动，对提升调峰机组发电效率、降低发电煤耗和污染物排放、淘汰小型落后调峰机组，都有重要贡献。

（4）根据我国钢铁工业发展规划，通过构建多因素耦合钢铁生产能耗计算模型，分析了未来废钢比、技术水平、流程结构、产业集中度、能源结构和发电煤耗等因素变化对钢铁生产能耗的影响。对多因素影响下中国钢铁工业的节能潜力进行了分析，并在发电煤耗法和电热当量法下分别分析了各因素的影响。结果显示，提高钢铁生产废钢比对降低我国钢铁生产能耗有显著贡献；此外，大型钢铁企业产业集中度提高和生产技术水平进步，小型企业的技术水平进步（淘汰落后产能），提高能耗中天然气的比例，也能有效提高我国钢铁生产的能源效率。

作　者

2019 年 7 月

目　　录

1 概 论

1.1 背景

钢铁行业是典型的高耗能、高污染行业，2016 年，钢铁工业能耗占世界工业能耗总量的 16.9%[1,2]，因此，降低钢铁工业生产能耗一直是工业节能的重要方向。

中国的钢铁工业经过改革开放后几十年的发展，其产量一直保持着快速上升的趋势。我国钢产量的快速增长也是近 30 年世界钢铁产量增长的主要原因（图 1-1）。到 2017 年，全球粗钢产量达到 16.89 亿吨，其中中国的钢产量约占世界粗钢总产量的 49.2%[2]。

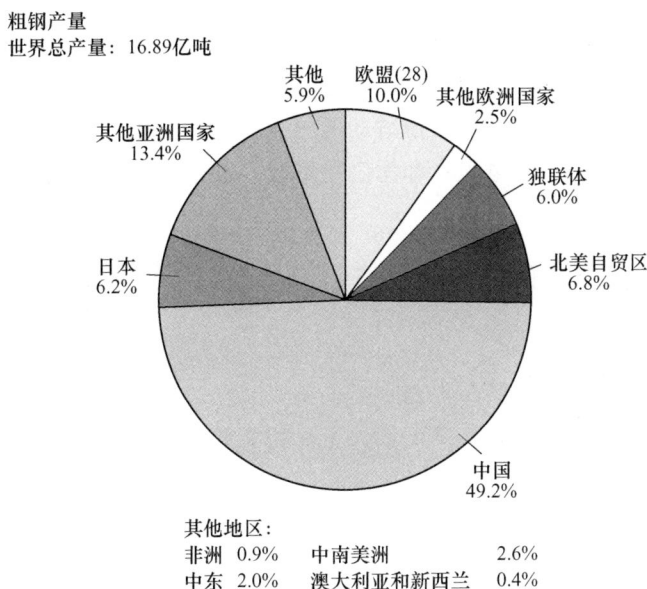

图 1-1 2017 年世界钢铁工业产量

在我国钢铁产量快速增长的同时，其能源消耗量也随之不断增加。2016 年，钢铁工业能耗占我国工业能耗总量的 20% 以上，是能源消耗大户[1]。目前，我国钢铁工业产量快速增长阶段基本结束，处于转型期的中国钢铁工业面临产能过剩、资源、能源和环境等多方面压力。钢铁产业在保证足够供给量的情况下，要降低钢铁生产对能源的消耗，这是中国现阶段需要解决的问题。

1.2　研究意义

过去的二十几年里，一方面，我国钢铁工业通过提高生产技术水平和节能技术普及率，使钢铁生产吨钢能耗水平大幅下降，可以说在降低能源强度方面取得了显著的成绩；但另一方面，中国重点企业吨钢能耗与目前世界能源效率最先进水平相比，仍然存在差距。因此，在未来，降低能耗仍然是我国钢铁工业需要重点关注的问题。

目前中国钢铁工业基本结束了产量快速增长的阶段，未来应以产业结构调整为主要发展方向，以求合理地解决过去快速发展所带来的问题。根据中国近年来发布的相关发展规划，中国钢铁工业的原材料配比、生产流程结构、能源结构、技术水平和产业结构等方面都要发生变化，这些因素将影响到钢铁生产的能源强度。因此有必要分析这些变化对我国钢铁工业能源效率的影响，并评估各因素的影响大小和节能潜力，这对我国钢铁工业的节能工作有一定的帮助指导意义。

此外，工业生产电力负荷管理是当今工业生产研究的一个热点领域，如何在工业分时电价制度下节约电力生产成本是工业企业关心的问题。钢铁工业是电力消耗大户，其2016年耗电量占中国工业总耗电量的11%，因此钢铁工业的生产电力负荷管理非常重要。同时，考虑到中国巨大的钢铁产量，钢铁工业的电力需求管理还可对平衡电网峰、谷负荷波动做出贡献，有助于提升电网调峰机组的生产效率，降低调峰机组发电煤耗和污染物排放。这也是钢铁工业可以间接贡献的节能潜力。

1.3　研究内容及创新点

1.3.1　研究内容和技术路线图

钢铁行业是高能耗产业，降低钢铁工业的能源强度对我国的经济发展、节能减排都有重要意义。

本书第2章首先对理论基础和相关文献进行了综述。包括世界钢铁工业的发展、现状和主要钢铁生产流程及特点，介绍了钢铁生产能耗水平评价方法、能耗指标及计算方法，整理了近年来关于钢铁生产能源消耗影响因素和节能潜力分析模型的研究，其中节能潜力分析模型主要分为bottom-up（BU）模型和top-down（TD）模型。最后，综述了目前世界上工业生产电力负荷管理的研究现状和平衡电网负荷的节能理论。

第3章分析典型钢铁生产能耗水平影响因素及约束关系。包括钢铁生产原材料中废钢比对炼铁系统铁钢比和炼钢系统电炉钢比例的约束、钢铁企业生产规模对于工序水平和整体能耗水平的约束、能源结构中天然气与煤炭的工业转换效率的不同、能源结构中电力比例及折标系数对能耗的影响等。除此之外,由于钢铁生产节能技术是影响钢铁生产能源强度的关键因素,在钢铁生产中,更广泛地推广最佳可用技术,可有效降低能源强度。本章对节能技术对工序能耗的影响进行了详细分析。

第4章基于废钢比对吨钢可比能耗指标的重要影响,分析了现有能耗评价指标的局限性,并提出了新指标。目前,在比较不同国家或地区的钢铁生产情况时,一般使用吨钢可比能耗指标。本章从吨钢可比能耗指标的统计方法出发,分析了吨钢可比能耗的影响因素,并通过定义宏观能耗和区域能耗的概念说明吨钢可比能耗在实际应用中的局限性。基于此,提出了一种新的能耗评价指标——吨钢定比能耗,并说明了新指标提出的意义、统计方法和计算公式等。通过综合使用吨钢可比能耗和吨钢定比能耗指标,分析了中国重点钢铁企业2006～2016年间钢铁生产能源强度变化的原因,以及与日本钢铁企业相比能耗差距的原因和影响因素。

第5章分析了钢铁企业实行电力负荷管理的效果和节能潜力。首先从钢铁生产电力供需平衡角度分析了钢铁生产电力负荷管理涉及的范围,主要包括对不同时段内生产工序电力负荷的控制和自备电厂内钢铁生产副产煤气资源发电量的控制。对钢铁企业而言,电力需求管理可以带来降低成本的效果;从整体能耗的角度看,钢铁生产的电力需求管理可以有效缓解电网负荷"峰谷差"过大,提高调峰机组的运行效率,进而节约发电煤耗。为了分析这部分节能潜力,建立了电网调峰机组的运行模型,分别分析了平衡电网后"低负荷"模式调峰机组和"两班制"模式调峰机组的节能减排效果。

第6章分析了多因素影响下我国钢铁工业的节能潜力,涉及的影响因素包括废钢比、生产流程结构、生产技术水平、能源结构和产业结构等。为了分析这些因素的节能潜力,构建了多因素耦合能源强度计算模型,使这些影响因素的节能潜力最终反应在吨钢综合能耗指标上,并分析了多因素影响下中国钢铁工业2025年的生产能源强度。

第7章对全书进行总结,主要包括已完成的研究结论和未来进一步的研究工作建议。

围绕研究内容,本书的技术路线如图1-2所示。

1.3.2 研究创新点

(1)提出钢铁生产能耗评价新指标。一直以来,在比较不同国家或地区钢铁生产能源强度时,一般以吨钢可比能耗作为比较指标。而实际上可比能耗指标反映出的是一种多因素共同作用下的能源强度结果,如果要进一步分析能源强度

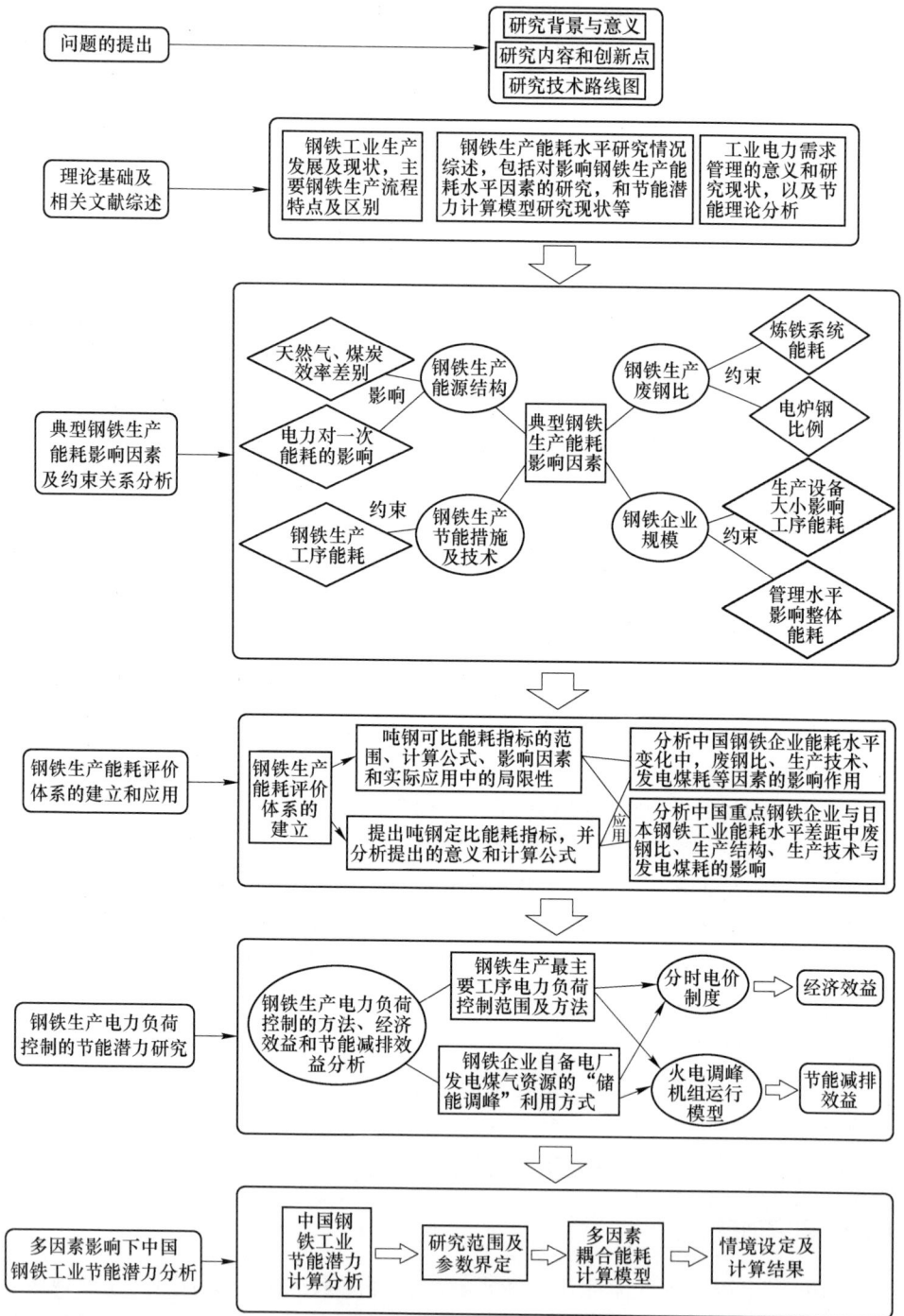

图 1-2　研究技术路线

差异的原因，找出准确的节能方向，仅靠吨钢可比能耗是无法实现的。例如，工序能耗水平、铁钢比、废钢比、生产流程结构和发电煤耗水平等因素都会影响吨钢可比能耗的大小，但究竟哪种因素才是造成吨钢能耗差异的主要原因，还需要进一步研究。

基于此，在吨钢可比能耗的基础上，提出了吨钢定比能耗指标的概念，此指标可以将钢铁生产中的废钢比、流程结构等因素与技术水平因素分开，分别研究两类因素对吨钢能耗的影响。在吨钢可比能耗指标的基础上，配合使用吨钢定比能耗指标，可以说明能耗差距的大小、原因以及各种因素的影响。本书以 2006 ~ 2016 年中国重点钢铁企业为研究对象，说明吨钢定比能耗指标在实际应用中的作用。

（2）提出两种钢铁生产电力负荷管理方法。在现有针对分时电价下工业生产电力负荷管理的研究中，涉及钢铁工业的相对较少，而钢铁工业是用电大户，其电力负荷管理有很大意义。因此，本书从钢铁工业的生产电力平衡的角度出发，提出了 2 种钢铁生产中的电力负荷管理方法，分别为钢铁生产工序电力负荷控制和发电煤气"储能调峰"利用模式，并分析了两种电力负荷管理方法节约钢铁企业电力成本的效果。

此外，目前针对工业电力需求管理的研究大多分析到节约企业成本的深度，而不涉及对电网调峰机组的影响。在中国，火电机组占中国电网装机总容量的约 70%，是电网调峰的主要机组。电力供应的变化将直接影响火电调峰机组的运行。一般来说，参与调峰的机组是小型机组，与大型机组相比能耗和排放都较高，为了参与电网调峰，频繁地变换工作负荷会使其发电效率进一步降低。中国钢铁工业电力需求侧管理的节能效果，体现在对电网调峰机组的影响上，当电网峰、谷电段电力需求平衡后，一些调峰机组可转换为稳定运行的基负荷机组，或被大型发电机组替换，可有效降低电网的发电煤耗。本书通过建立火电调峰机组运行模型，分析了钢铁生产电力需求管理对电网调峰机组影响的效果，包括降低煤耗和污染物减排等。

（3）根据近几年发布的中国钢铁工业发展计划，未来中国钢铁工业的废钢比、生产结构、产业结构、能源结构和技术水平等都要发生变化。这些变化的因素中，不仅涉及 bottom-up（BU）能源分析模型中的技术因素，还涉及 top-down（TD）能源分析模型中的宏观因素。因此，要综合分析这些因素对中国钢铁工业能耗的影响，就需要使用一种 TD/BU 耦合计算模型。基于此，本书在现有钢铁生产能耗统计方法的基础上，建立了一种多因素耦合能源强度计算模型。使用这种模型，可以将以上多个因素对钢铁生产能耗的影响统一在吨钢综合能耗指标上，并以此分析了多因素影响下中国钢铁工业到 2025 年时的节能潜力。

2 理论基础及文献综述

2.1 钢产量及主要钢铁生产流程

2.1.1 钢产量及消费量

2.1.1.1 中国及世界钢铁工业产量

现代钢铁工业开始于 19 世纪中期，在 20 世纪，全球钢铁工业开始快速发展，到今天已经有 100 多年的历史。但直到 20 世纪中期，全球钢铁产量仍很有限，生产国也不多，且分布十分集中，多分布在大西洋北部沿岸地区的美国和西欧。根据国际钢铁工业协会统计数据[2]，1900 年世界粗钢总产量仅为 28.3 百万吨（Mt），1936 年突破 100Mt，到 1951 年达到 200Mt，到 2017 年已超过 1600Mt（图2-1）。

年均增长率/%	
年	世界
1950~55	7.4
1955~60	5.1
1960~65	5.6
1965~70	5.5
1970~75	1.6
1975~80	2.2
1980~85	0.1
1985~90	1.4
1990~95	-0.5
1995~00	2.5
2000~05	6.2
2005~10	4.5
2010~15	2.5
2015~17	2.1

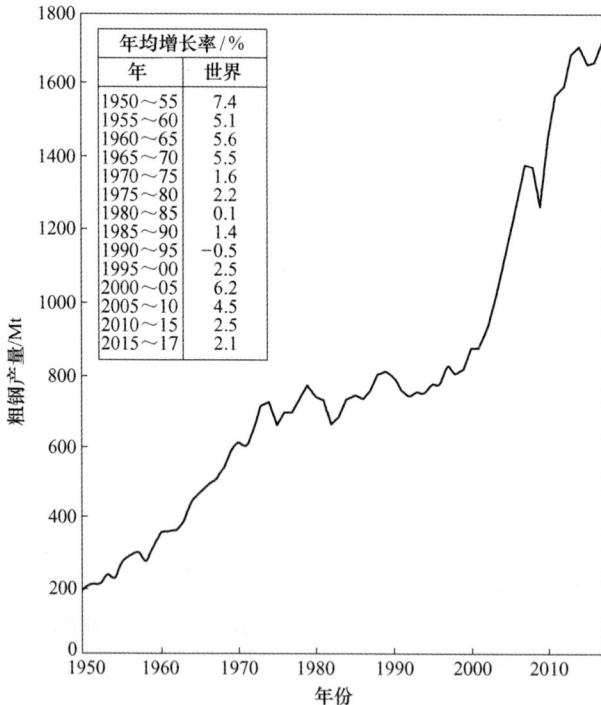

图 2-1 1950~2017 年世界钢铁工业产量

现代钢铁工业的 100 多年历史中,主要产钢国位序也多次发生变化。英国钢产量在 1885 年以前一直居世界首位;直到 1890 年,美国的钢产量达 4.3Mt,超过了英国(3.6Mt)。美国的钢产量在 1886~1970 年间保持世界第一,长达 85 年之久。1971 年,苏联的钢产量(120.6Mt)首次超过美国(109Mt),成为世界第一钢铁生产大国,占全球钢产量的 21%,并保持第一达 22 年;直到 1993 年被日本超越,世界第一产钢大国易主。当年日本钢产量约占全球钢产量的 14%[3,4]。1996 年,中国钢产量首次突破 100Mt,成为世界第一钢铁生产大国,并一直保持至今。

纵观现代钢铁工业产量发展,可以发现,从 20 世纪 50 年代开始,世界钢铁工业出现两个快速增长时期(表 2-1)[5]。第一次快速增长出现在第二次世界大战以后,特别是 20 世纪 50 年代到 70 年代中期,世界钢铁产量由 1951 年的 200Mt 上升到 1974 年的 700Mt。进入 20 世纪 80 年代,世界性经济危机造成市场萎缩、能源供给紧张、发达国家产业结构的大调整等,导致钢铁工业开工不足、产量停滞,甚至出现下降,1990 年全球粗钢总产量为 770Mt。进入 20 世纪 90 年代,粗钢产量又出现快速增长,2000 年达到 850Mt,2011 年达到 1518Mt。

表 2-1　世界钢铁工业两个快速发展阶段[5]

相关因素	第一个快速增长阶段	第二个快速增长阶段
原因	第二次世界大战后欧洲、北美洲和日本重建基础设施和工业化	中国等发展中国家建设基础设施和工业化
时间	从 20 世纪 50 年代中期到 70 年代中期	从 20 世纪 90 年代后期至今
持续时间	约 20 年	预计将持续到 21 世纪的第二个十年
增长速度	约 19Mt/a	约 60Mt/a
涉及人口	约 8 亿人	约 13 亿~14 亿人
技术因素	如氧气顶吹转炉炼钢工艺、连续铸钢工艺、带钢热连轧机和冷连轧机、计算机自动化等	发展中国家应用成熟技术或引进先进技术

中国钢铁工业在 20 世纪 90 年代快速发展,1996 年成为世界第一钢铁生产大国,并一直保持至今。中国钢铁工业的崛起对世界钢铁工业发展产生了重要影响。新中国成立当年,中国钢产量只有 0.2Mt。到 1957 年,钢产量超过 5Mt。1949~1986 年,中国用了 37 年的时间,突破了年产粗钢 50Mt 的水平;1990~2017 年,世界钢铁总产量上升至 850Mt,其中 87% 来自中国[2];2017 年,中国钢产量占世界钢铁总产量的 49.2%(图 2-2)。

20 世纪 90 年代以来中国钢铁工业快速发展的主要原因为[6]:

(1)中国钢铁工业自 20 世纪 90 年代以来快速发展的背景是国民经济快速发展,90 年代以来中国 GDP 快速增长、投资总量不断增加等因素,强烈地拉动了

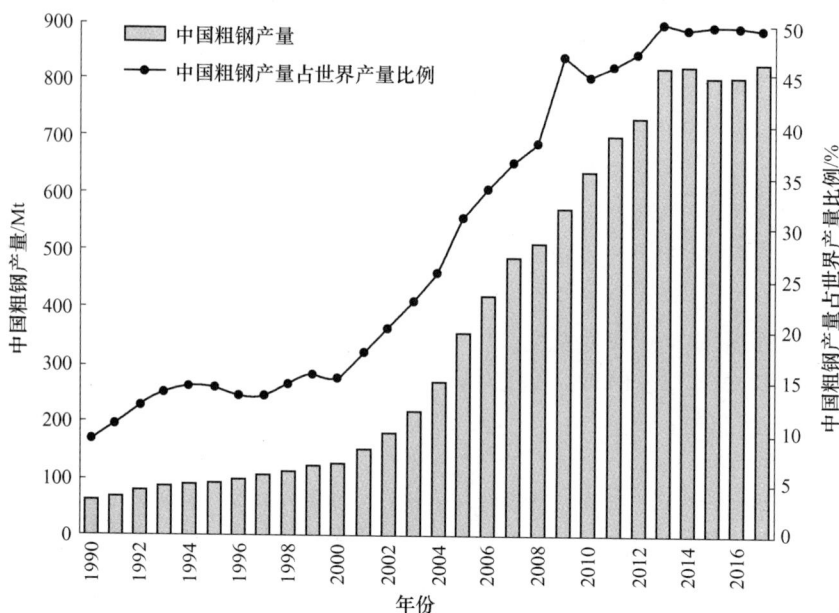

图 2-2　1990~2017 年中国钢铁工业产量

钢材的市场需求量。

（2）技术进步战略的判断、选择和有序展开（关键技术、共性技术的开发、推广和集成，生产流程的优化）。自 20 世纪 90 年代以来，中国钢铁工业先后突破了多项关键技术，例如连铸技术，高炉喷吹煤粉技术，高炉一代炉役长寿技术，棒、线材连轧技术，流程工序结构调整综合节能技术，转炉溅渣护炉技术等。

（3）由于开放政策的实施，中国钢铁工业呈现出越来越积极地利用国际矿物资源和废钢资源的态势。大量利用国际矿产资源和废钢资源，为中国钢铁工业生产提供了充足的原材料。

（4）一批先进工艺、装备的国产化与单位产能投资额的降低。20 世纪 90 年代，中国钢铁工业在先进工艺、装备国产化方面取得成就，降低了单位投资额，改善了投资效益，为钢铁产业发展提供了便利。

2.1.1.2　钢铁工业现状

随着钢铁生产技术的不断发展，目前钢铁工业的产量和消耗量已经得到巨大的提升。从粗钢生产的国际格局上看（表 2-2），2017 年全球粗钢产量达 1689.4Mt，排名前十的钢铁生产国包括中国（831.7Mt）、日本（104.7Mt）、印度（101.4Mt）、美国（81.6Mt）、俄罗斯（71.3Mt）、韩国（71.0Mt）、德国（43.4Mt）、土耳其(37.5Mt)、巴西(34.4Mt) 和意大利(24.1Mt)[7]。

表 2-2　2016~2017 年世界主要钢铁生产国钢产量[7]　　　　（Mt）

国　家	2017 年		2016 年	
	排名	产量	排名	产量
中国	1	831.7	1	807.6
日本	2	104.7	2	104.8
印度	3	101.4	3	95.5
美国	4	81.6	4	78.5
俄罗斯	5	71.3	5	70.5
韩国	6	71.0	6	68.6
德国	7	43.4	7	42.1
土耳其	8	37.5	8	33.2
巴西	9	34.4	9	31.3
意大利	10	24.1	11	23.4
中国台湾	11	22.4	12	21.8
乌克兰	12	21.3	10	24.2
伊朗	13	21.2	14	17.9
墨西哥	14	19.9	13	18.8
法国	15	15.5	15	14.4
世界		1689.4		1627.0

　　中国在成为世界第一钢铁生产大国的同时，也是世界第一钢铁消耗大国，其2017 年钢铁消耗量占世界钢铁总消耗量的 46.4%。欧盟国家钢铁消耗量占世界总量的 10.2%，北美自贸区国家钢铁消耗量占世界总量的 8.9%，此外，日本消耗了 4.1%的世界钢铁消耗总量，其他亚洲国家消耗了 15.9%的全球钢铁消耗总量(图 2-3)[7]。

　　今天，钢铁是世界上最常见的材料之一。人们的住房、交通、食品供应、能源生产、工具和医疗都离不开它。我们身边几乎每种物品或是用钢铁制成，或是由钢铁设备生产而来。发展中国家需要钢铁来建设新的公路、铁路、建筑和桥梁，还需要用它铺设新的燃气、水和下水管道，建设工厂以及制造机器设备。一旦基础设施的需求满足了，GDP 会将继续增长，诸如洗衣机和电冰箱等消费品的需求就会增加，乘坐火车、公交车和小汽车出行的需求也会增长。所有这些物品的生产及相关基础设施（车站和加油站）都需要用到钢铁。城市化进程同样离不开钢铁，例如使用钢铁建设高楼大厦。

钢铁表观消费量(成品钢)
世界总消费量：15.87亿吨

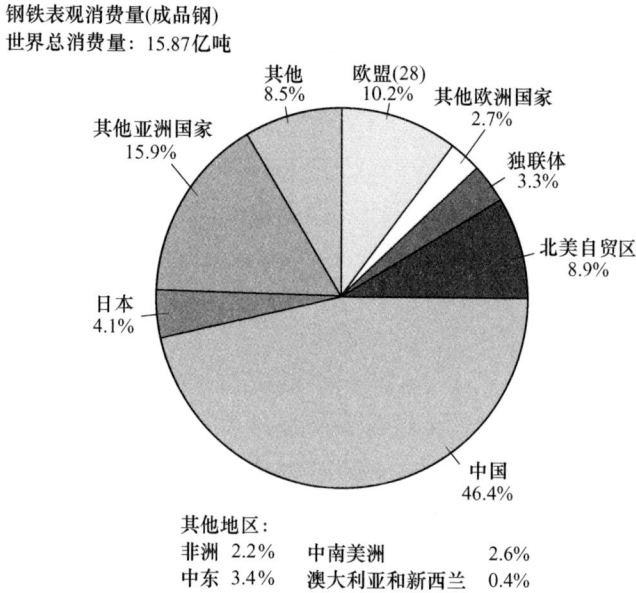

其他地区：
非洲 2.2%   中南美洲   2.6%
中东 3.4%   澳大利亚和新西兰   0.4%

图 2-3 2017 年钢铁消耗情况[7]

2017 年，建筑行业使用的钢铁量占全球钢铁消耗总量的 50%，是消耗钢铁最多的行业(图 2-4)；排在第二、三位的是机械设备生产和汽车生产行业，其钢材消耗量分别占世界钢铁消耗总量的 16% 和 13%；还有 10% 的钢铁消耗用于生产其他交通工具、电子设备和家用电器。以上行业消耗钢铁合计占全球钢铁消耗总量约 90%[8]。

图 2-4 2017 年钢铁消耗按用途分类[8]

2.1.2　钢铁生产流程及能耗

2.1.2.1　主要钢铁生产流程

尽管钢铁工业有复杂的生产工艺结构，但在世界范围内被广泛使用的只有几种，而且这些生产流程使用的原材料、能源和资源也比较类似[9]（图 2-5）。经过长时间发展，目前在国际上被广泛使用的钢铁生产流程有两类，即高炉-转炉流程（长流程）和电炉流程（短流程）。

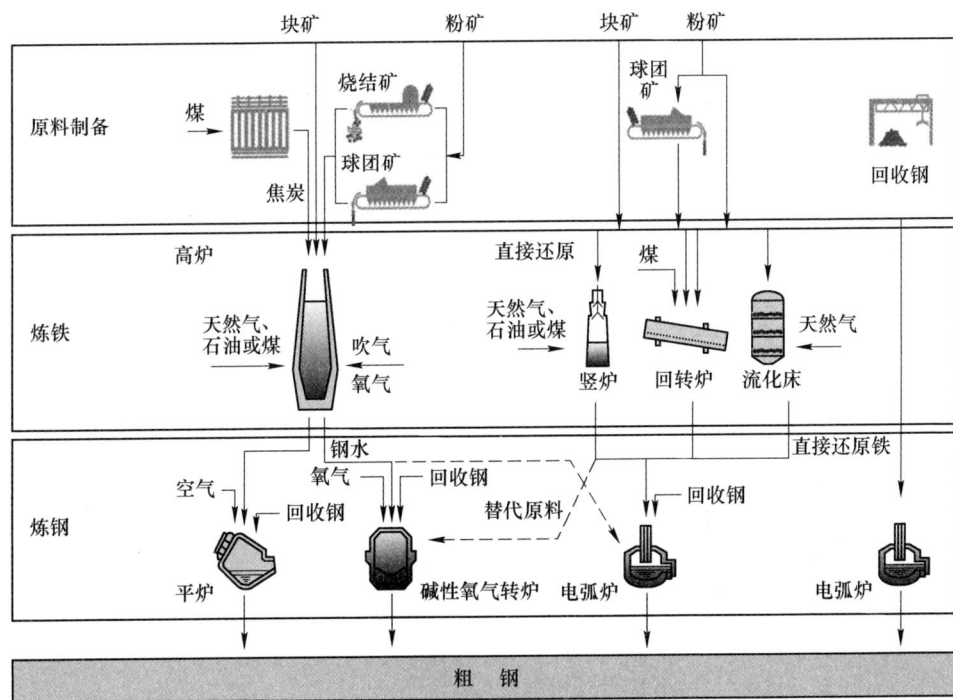

图 2-5　钢铁生产工艺流程图[9]

高炉-转炉流程首先将铁矿石还原成铁（亦称铁水或生铁），然后铁在转炉中冶炼成钢，经过铸造和轧制后，钢铁以钢板、型钢或钢条等形式交付。

电弧炉炼钢法是用电力将炉内的废钢熔化，炼钢过程中还可以加入合金等添加剂，将钢铁调整到所需的化学成分，电弧炉炼钢时，还可以辅以向电弧炉中喷吹氧气。下游加工阶段，如铸造、再加热和轧制，与高炉-转炉相似。

这两类流程的主要区别之一是原材料组成和能源结构不同：高炉-转炉流程生产原材料以铁矿石为主，一般占 70%～100%，也加入废钢、生铁、热压铁等，其能源消耗以煤炭为主；而电炉流程则主要以废钢为原材料，一般占70%以上，另外可以加入铁水、生铁、直接还原铁、热压块等，其能源消耗以电力为主。另外还有一种炼钢技术——平炉法（OHF），是一种能源强度非常高的工艺，因其不利于环境也不够经济，已日趋衰落[10]。

2017年，高炉-转炉流程产量占世界总钢产量的71.6%，电炉流程产量占世界总钢产量的28.0%，此外还有0.4%的钢产量来自平炉流程[7]。在世界主要钢铁生产国中，中国、日本、俄罗斯、韩国、德国、巴西和乌克兰等都是以高炉-转炉流程作为主要钢铁生产方式，而美国、印度和土耳其等使用电炉流程作为主要钢铁生产方式，平炉流程目前只在乌克兰、俄罗斯等少数国家使用（表2-3）。

表2-3　2017年主要钢铁生产国生产流程占比[2]   （%）

国家	高炉-转炉流程	电炉流程	平炉流程
中国	90.7	9.3	
日本	75.8	24.2	
美国	31.6	68.4	
印度	44.2	55.8	
俄罗斯	66.9	30.7	2.4
韩国	67.1	32.9	
德国	70.0	30.0	
土耳其	30.8	69.2	
巴西	77.6	21.0	
乌克兰	71.8	6.8	21.5
世界	71.6	28.0	0.4

2.1.2.2　能源消耗情况

对于大型钢铁联合企业，从铁矿石进厂到焦化、烧结、炼铁、炼钢和钢加工完成，整个工艺流程中能源消耗和污染物排放主要集中在炼铁及其之前的工序，所以从能耗角度看，高炉-转炉流程的吨钢能耗一般来说要高于电炉流程（图2-6）。与高炉-转炉流程相比，电炉流程用废钢直接炼钢可节约能源约60%，并可减少CO、CO_2和SO_2等废气排放量的约80%[11~14]。所以，多使用电炉流程可以减少钢铁生产能源消耗，但电炉流程的产量受废钢资源数量的限制，因此，在一些废钢资源不充足的发展中国家，例如中国，高炉-转炉流程仍然是主要钢铁生产方式。

(a) 高炉-转炉流程

(b) 电炉(100%废钢)

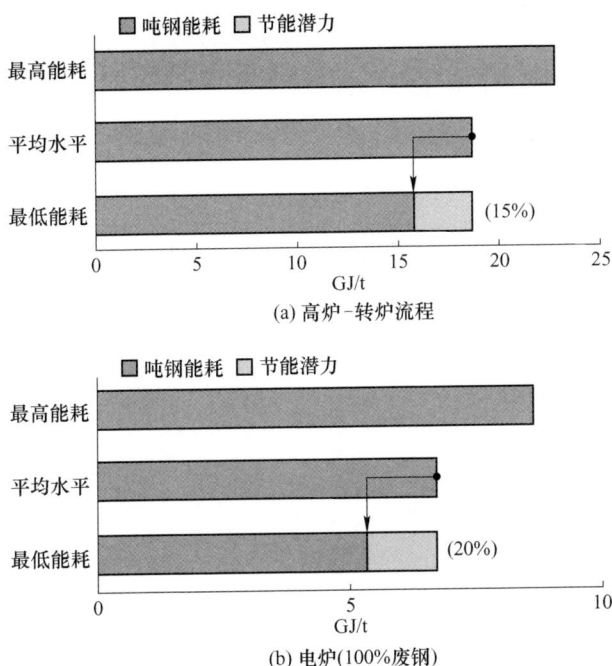

图 2-6   2017 年高炉-转炉流程与电炉流程能耗[11]

2.2 能源效率评价方法和主要指标

钢铁企业的能源评价指标较多，有全厂性整体能源指标如吨钢综合能耗和吨钢可比能耗，也有如焦化、烧结、球团、炼铁、炼钢、轧钢等工序能耗指标，本节总结了两类主要钢铁生产能源指标的统计范围和计算方法，并进行了详细的分析说明。

2.2.1 整体能耗指标

2.2.1.1 吨钢综合能耗

吨钢综合能耗包括钢铁企业生产直接消耗的各种能源及为钢铁企业生产服务的附属生产系统实际消耗的各种能源总量，不包括企业非钢铁部分生产消耗的能源量和外销能源量[15~17]。吨钢综合能耗可说明企业能耗的变化情况，由于生产流程、产品结构和燃料结构不同等各种原因，企业之间的吨钢综合能耗一般不用来比较，其计算公式如式（2-1）所示：

$$e_{综合} = \frac{E}{P} \tag{2-1}$$

式中 $e_{综合}$——吨钢综合能耗，千克标煤（kgce）/t 钢；

E——统计期内企业自耗的全部能源折标煤量，kgce；

P——统计期内企业的合格钢产量，t。

2.2.1.2 吨钢可比能耗

吨钢可比能耗指钢铁企业每生产 1t 粗钢，从炼焦、烧结（含球团）、炼铁、炼钢直到最终钢材，配套生产所必需的耗能量及企业燃料加工与运输、机车运输能耗及企业能源亏损分摊在每吨粗钢上的耗能量之和。统计范围不包括钢铁企业的矿山、选矿、铁合金、耐火材料、碳素制品、焦化回收产品精制及其他产品生产、辅助生产及非生产的能耗[15~17]。该指标是为进行不同企业间能耗水平对比设置的，实际上是各工序能耗的某种迭加，计算公式见式（2-2）：

$$e_{可比} = (1/P)(\sum P_i \times e_i) + I + J + K \qquad (2-2)$$

式中 $e_{可比}$——吨钢可比能耗，kgce/t 钢；

P_i——统计期内 i 工序的实物产量，t；

e_i——统计期内 i 工序的平均能耗，kgce/t 产品；

I——统计期内机车能耗平均到每吨钢上的量，kgce/t；

J——燃气加工及运输能耗平均到每吨钢上的量，kgce/t；

K——企业能源亏损等能耗平均到每吨钢上的量，kgce/t；

P——粗钢产量，t。

2.2.2 工序能耗指标

工序段指标即工序单位产品能耗（简称为工序能耗，kgce/t 产品），指在统计期内，该工序每生产 1t 合格工序产品，扣除本工序回收的能源量后，实际消耗的各种能源总量[18]。钢铁生产中主要生产工序包括焦化、烧结、球团、高炉、转炉和轧钢等，各生产工序的能耗统计方法如式（2-3）~式（2-10）所示。

2.2.2.1 焦化工序能耗

焦化工序的能耗包括备煤（不包括洗煤）、炼焦和煤气净化工段的能耗扣除自身回收利用和外供的能源量，不包括精制。备煤工段包括储煤、粉碎、配煤及系统除尘；炼焦工段包括炼焦、熄焦、筛运焦、装煤除尘、出焦除尘和筛运焦除尘；煤气净化工段内容包括冷凝鼓风、脱硫、脱氰、脱氨、脱苯、脱萘等工序和酚氰污水处理；干熄焦产出只计蒸汽，不含发电。焦化工序能耗计算方法如式（2-3）所示：

$$E_{JT} = \frac{e_{y1} + e_{jg} - e_{cp} - e_{yr}}{P_{JT}} \qquad (2-3)$$

式中 E_{JT}——焦化工序生产单位产品能耗，kgce/t；

     e_{y1}——原料煤量，kgce；

     e_{jg}——加工能耗量，指炼焦生产所用焦炉煤气、高炉煤气、水、电、蒸汽、压缩空气等能源，kgce；

     e_{cp}——焦化产品外供量，指供外厂（车间）的焦炭、焦炉煤气、煤焦油、粗苯等的数量，kgce；

     e_{yr}——余热回收量，如干熄焦工序回收的蒸汽量等，kgce；

     P_{JT}——焦炭产量，t。

2.2.2.2 烧结工序能耗

烧结工序能耗包括生产系统（从熔剂、燃料破碎开始，经配料、原料运输、工艺过程混料、烧结机、烧结矿破碎、筛分等到成品烧结矿皮带机离开烧结工序为止的各生产环节）、辅助生产系统（生产管理及调度指挥系统、机修、化验、计量、水处理、烧结除尘和脱硫等环保设施等）消耗的能源量，扣除工序回收的能源量。不包括附属生产系统（如食堂、保健站、休息室等）消耗的能源量。烧结工序能耗计算方法如式（2-4）所示：

$$E_{SJ} = \frac{e_{sjz} - e_{sjh}}{P_{SJ}} \qquad (2-4)$$

式中 E_{SJ}——烧结工序单位产品能耗，kgce/t；

     e_{sjz}——烧结工序消耗的各种能源折标准煤量总和，kgce；

     e_{sjh}——烧结工序回收的能源量，kgce；

     P_{SJ}——烧结工序合格烧结矿产量，t。

2.2.2.3 球团工序能耗

球团工序能耗包括球团生产系统（经配料、原料运输、造球、焙烧、筛分等到成品球团矿皮带机离开球团工序为止的各生产环节）和辅助生产系统（生产管理及调度指挥系统、机修、化验、计量、环保等）消耗的能源量，扣除工序回收的能源量。不包括附属生产系统（如食堂、保健站、休息室等）消耗的能源量。球团工序能耗可通过式（2-5）计算：

$$E_{QT} = \frac{e_{qtz} - e_{qth}}{P_{QT}} \qquad (2-5)$$

式中 E_{QT}——球团工序单位产品能耗，kgce/t；

     e_{qtz}——球团工序消耗的各种能源折标准煤量总和，kgce；

     e_{qth}——球团工序回收的能源量，kgce；

     P_{QT}——球团工序合格球团矿产量，t。

2.2.2.4 高炉炼铁工序能耗

高炉炼铁工序能耗包括高炉工艺生产系统（原燃料供给、鼓风、热风炉、煤粉干燥及喷吹、高炉本体、渣铁处理等系统）、辅助生产系统（生产管理及调度指挥系统、机修、化验、计量、水处理及除尘等环保设施）消耗的能源量，扣除工序回收的能源量，不包括附属生产系统（如食堂、保健站、休息室等）消耗的能源量。高炉工序能耗由式（2-6）计算：

$$E_{GL} = \frac{e_{glz} - e_{glh}}{P_{GL}} \qquad (2\text{-}6)$$

式中　E_{GL}——高炉炼铁工序单位产品能耗，kgce/t；

　　　e_{glz}——高炉炼铁工序消耗的各种能源折标准煤量总和，kgce；

　　　e_{glh}——高炉炼铁工序回收的能源量，kgce；

　　　P_{GL}——高炉炼铁工序合格生铁产量，t。

2.2.2.5 转炉炼钢工序能耗

转炉炼钢工序能耗包括从原料进厂到钢锭、连铸钢坯、铸造用液态钢（铸钢水）出厂的整个炼钢工序过程，包括铁水预处理、转炉冶炼、二次冶金（精炼）、连铸和铸锭整整、产品出厂等全过程的能源消耗量，扣除炼钢工序外供能源量，计算方法如式（2-7）所示：

$$E_{ZL} = \frac{e_{zlz} - e_{zlh}}{P_{ZL}} \qquad (2\text{-}7)$$

式中　E_{ZL}——转炉冶炼工序单位产品能耗，kgce/t；

　　　e_{zlz}——转炉冶炼工序消耗的各种能源量折标准煤量总和，kgce；

　　　e_{zlh}——转炉冶炼工序回收的能源量，kgce；

　　　P_{ZL}——转炉工序合格粗钢产量，t。

2.2.2.6 钢加工能耗

连铸工序能耗包括从钢水送入钢包回转台，到合格坯运出连铸车间全过程的直接能耗，计算方法如式（2-8）所示：

$$E_{LZ} = \frac{e_{lzz} - e_{lzh}}{P_{LZ}} \qquad (2\text{-}8)$$

式中　E_{LZ}——连铸工序单位产品能耗，kgce/t；

　　　e_{lzz}——连铸工序消耗的各种能源的折标准煤量总和，kgce；

　　　e_{lzh}——连铸工序回收的各种能源的折标准煤量总和，kgce；

　　　P_{LZ}——连铸工序合格铸坯产量，t。

热轧工序能耗包括预处理或加热、轧制、精整及热处理等工艺设施的直接能耗量，并扣除回收的能源量。有多条轧线的应分别按轧线计算，计算方法如式 (2-9) 所示：

$$E_{RZ} = \frac{e_{rzz} - e_{rzh}}{P_{RZ}} \tag{2-9}$$

式中 E_{RZ}——热轧工序单位能耗，kgce/t；

e_{rzz}——热轧工序消耗的各种能源量折标准煤量总和，kgce；

e_{rzh}——热轧工序回收的能源量，kgce；

P_{RZ}——合格热轧轧材产量，t。

冷轧工序能耗包括酸洗、轧制、退火、涂镀层处理、平整、精整等工艺和设施的直接能耗量，其中有多条轧线的应分别按轧线计算，计算方法如式 (2-10) 所示：

$$E_{LZ} = \frac{e_{lzz} - e_{lzh}}{P_{LZ}} \tag{2-10}$$

式中 E_{LZ}——冷轧工序单位能耗，kgce/t；

e_{lzz}——冷轧工序消耗的各种能源量折标准煤量总和，kgce；

e_{lzh}——冷轧工序回收的能源量，kgce；

P_{LZ}——合格冷轧轧材产量，t。

2.3 能耗影响因素及节能潜力研究进展

2.3.1 主要能耗影响因素研究进展

一直以来，生产技术水平被认为是影响吨钢能耗大小的最主要因素，生产技术与能源消耗之间有着紧密的联系。因此，从技术角度针对钢铁工业能源强度的研究很多（表 2-4）[19~29]。

表 2-4 生产技术对钢铁工业能源强度影响的相关文献

时间	作者	研究内容	主要结论
2009 年	王群伟、周德群，等[19]	基于 ARDL 方法分析了技术效率和技术进步对能源效率的影响	三者之间具有均衡关系。科技进步和技术效率对能源消耗均有正向的作用
2009 年	徐士元[20]	利用格兰杰因果检验和协整分析的方法，对我国 1983~2006 年间钢铁生产技术进步和能源消耗之间的关系进行了分析	证明技术进步与能源消耗之间存在着长期均衡关系

续表 2-4

时间	作者	研究内容	主要结论
2010 年	董锋、等[21]	利用协整分析法，分析了技术进步、能源消费量、GDP、产业结构、外贸依存度之间的协整关系	技术进步和产业结构调整对中国能源消耗起到的是降低的作用，外贸依存度与能源消耗之间的是正相关性关系
2011 年	宣烨、周绍东[22]	基于 2001 ~ 2008 年的数据，通过构建钢铁企业技术创新的 Malmquist 指数计算模型，对企业中原始创新和二次创新两类技术进步与能源效率之间的关系进行分析	两种创新方式都与能源效率有着正相关性，其中二次创新与能源效率之间的正相关性更强
2013 年	Moya、Pardo，等[23]	分析欧洲通过使用钢铁生产最佳节能技术和创新发明技术的节能减排潜力，并估算了投资回报周期	回收期在 2 年内的减排技术可使钢铁生产 CO_2 减排量在 20%左右；回收期在 6 年内的技术可使 CO_2 减排量在 50% ~ 65% 左右
2013 年	刘似臣、秦泽西[24]	对纯技术进步、技术效率与能源强度之间的关系进行分析	发现纯技术进步与能源强度之存在长期协整关系，生产技术效率与能源强度之间也存在长期协整关系
2014 年	Karali、Xu，等[25]	分析了钢铁生产节能技术、钢材商品与国际碳交易等因素对美国钢铁工业 2030 和 2050 年能源消耗的影响	美国钢铁工业到 2030 年有 11% ~ 19% 的节能潜力；到 2050 年有 9% ~ 20%的节能潜力
2014 年	Hasanbeigi、Price，等[26]	研究了目前可选择的最新炼铁工艺以及相关的提高生产效率的节能技术	比较了 12 项新型炼铁技术，其中 COREXs 技术、FINEXs 技术和 Coal-Based HYL 技术是最有潜力的
2014 年	Brunke、Blesl，等[27]	研究德国钢铁工业通过普及 32 种钢铁生产节能技术获得的节能减排潜力，并考虑了电力价格对回报率的影响	可以使现有的钢铁生产能源消耗、电耗及二氧化碳排放分别降低 11.7%、2.2%和 12.2%
2014 年	Morrow、Hasanbeigi，等[28]	研究意大利钢铁工业通过普及 25 种重要节能技术的节能效果	结果显示到 2030 年可使钢铁生产节约 1029PJ 能源消耗和 82TkW · h 电力消耗，并减排二氧化碳 82Mt
2015 年	Quadera、Ahmed，等[29]	对钢铁制造业绿色节能高效技术突破进行研究	研究结果表明钢铁生产的节能技术是实现钢铁工业可持续发展的重要手段

　　除了生产技术水平之外，现有研究还针对其他钢铁生产的能源强度影响因素进行了研究（图 2-7）。Hasanbeigi 和 Price 等[30]通过比较中国和美国钢铁工业的

生产和能耗情况，提出生产流程结构对钢铁生产能源强度有重要影响，并认为如果和中国钢铁工业有同样的电炉钢比例，美国钢铁工业能源强度只比中国低0.60%；Chen 和 Yin 等[31]使用 TIMES（The Integrated MARKAL-EFOM System）模型，对中国废钢存储量进行研究，认为在未来随着中国钢铁生产废钢比例的提升，电炉钢比例在 2050 年会达到 45.6%，并分析其对能源强度和碳排放的影响。Lin 和 Wu 等[32]研究了技术水平、产业集中度、研发强度等因素对中国钢铁工业能源强度的影响，并计算了中国钢铁工业 2020 年的节能潜力。Wang[33]利用协整分析和情景分析法对中国钢铁产业二氧化碳的减排潜力进行评估，研究结果表明，碳强度与它的影响因素之间存在着长期的关系，这些因素包括能源结构、能源价格、能源替代、劳动生产力、技术水平等（图 2-7）。

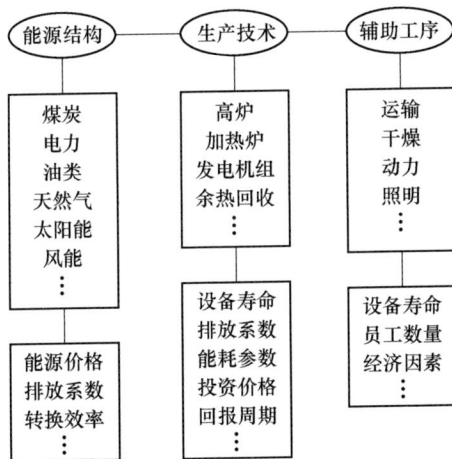

图 2-7　钢铁工业能源强度影响因素实例

2.3.2　节能潜力分析研究进展

由于钢铁工业的能耗水平对全球工业能耗有重要影响，因此，针对钢铁工业节能潜力的研究有很多，这些研究使用现有的统计数据，通过建立分析计算模型，分析未来的能源消耗情况或节能潜力等（图 2-8）。例如，Hasanbeigi 等[34]通过使用一种 CSC（Conservation Supply Curve）模型，研究了 23 种主要生产节能技术应用在中国的节能潜力，认为 2010～2030 年中国钢铁工业节约能源消耗 11999PJ；Li 和 Zhu[35]以中国钢铁工业 2010 年生产数据为依据，选取 41 种先进节能技术为研究对象，发现通过普及这 41 种节能技术，中国钢铁工业可使吨钢能耗下降 4.63GJ/t；Wen 和 Meng 等[36]使用一种 AIM（Asian-Pacific Integrated Model）模型，研究未来中国钢铁工业发展政策对能源强度的影响，发现中国钢铁工业 2020 年节能潜力为 58.2Mt 标煤，约占钢铁生产总能耗的 14.18%；Zhang 和 Worrell 等[37]通过使用一种 GAINS（greenhouse gas and air pollution interactions and synergies）模型和 ECSC（energy conservation supply curves）曲线，计算出中国钢铁工业 2030 年的节能潜力约为 2030 年中国钢铁工业总能耗的 28%；He 和 Zhang[38]使用一种 MLPI（Malmquist-Luenberger Productivity Index）模型，根据中国钢铁工业 50 家企业的生产数据，研究了 2001~2008 年间中国钢铁工业能源效率和生产率变化。

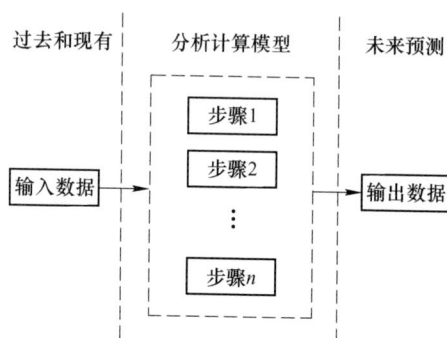

图 2-8　典型能源分析模型结构

这些研究使用的模型主要分为两类，即 bottom-up（BU）模型和 top-down（TD）模型[39]。BU 模型通过分析某个国家或地区钢铁现有生产条件下生产技术水平的变化，评估不同技术方案下的能耗变化趋势和财务成本情况；需要注意的是，BU 模型受自身结构的限制，无法研究能源政策和一些宏观因素对钢铁生产能源强度的影响；与 BU 模型相反，TD 模型能够计算宏观经济成本和能源政策的影响，但以不能研究技术细节为代价。可以看出，BU 模型的优点是 TD 模型的缺点，反之亦然。

由于模型结构和特点的差异，这两种类型的模型不能同时在宏观层面和技术层面上研究未来工业生产的能源消耗情况。目前已经有一些研究试图通过结合 TD 模型和 BU 模型，来实现综合分析宏观因素和技术因素对能源消耗的影响。例如 Murphy 和 Jaccar[40]试图通过利用简化的宏观经济模型与 BU 模型之间实现信息交互，来补充每种模型的优缺点；Proença 和 Aubyn[41]使用一种耦合的 TD/BU CGE（computable general equilibrium）模型，综合分析了葡萄牙的经济、能源和环境之间的复杂关系，以及相关政策的影响；Fujimori 和 Masui[42]建立了一种 Integrated Assessment Models（IAM）/GCE 模型结构，分析了能源需求、能源技术、价格弹性值等多因素耦合的工业能耗计算模型。

2.4 基于分时电价的工业生产电力负荷控制

2.4.1 工业生产中的电力负荷控制

电网负荷的波动严重影响调峰机组的发电效率，一直以来，发电机组的昼、夜调峰一直是热点问题。解决电网"峰谷差"过大的一个方法是应用储能系统进行"储能调峰"，就是将电力资源转换成其他可以存储的能源形式，并在电网有需求时再转化成电力使用，使用这种方式进行"储能调峰"的有抽水蓄能机组、压缩空气系统、建筑蓄热单元和相变材料等[43~45]。

目前，峰谷分时电价制度作为一种平衡电网负荷的有效方法被许多国家使用，在分时电价制度下，电网的电力供应可以被分为许多种类，比如基负荷电力、峰负荷电力、预备负荷和管理调节负荷等。根据电力需求的区别，电网的电力供应被分为峰电、平电和谷电三个时段，这三个时间段内电价依次减低，以鼓励家庭及工业企业少用峰电，多用谷电。以河北南部大工业电价为例，电网峰、平、谷段电价分别为 0.8458 元/（kW·h）、0.5436 元/（kW·h）和 0.3422 元/（kW·h）[46]。

在分时电价制度下，工业企业生产的电力需求侧的负荷管理可以为企业降低生产电力成本[47]。目前，关于工业生产的电力需求管理的研究已涉及多个行业，例如 Babu 和 Ashok[48]针对电解工业在分时电价制度下的电力需求管理，提出一种最小化电力的混合整数非线性规划（MINLP）计算方法，可以降低 19.3%的峰值电力需求，节约 3.9%的电力生产成本；付蔚和敬章浩等[49]等通过抽象出 3 种家电负荷模型，建立对应类型的控制模型，提出一种基于分时电价的智能家电管理控制方案；Chen 和 Cong[50]对电能存储系统进行了详细研究，目前主要的电能存储方式有包括抽水蓄能、压缩空气蓄能、电池、流动电池、燃料电池、太阳能燃料、超导磁能储存、飞轮、电容器/超级电容器和热能储存等方式。在生产生活中，电力需求侧管理也已经涉及多个领域，Sun 和 Wang[51]对商用建筑中不同蓄冷设施的电力调峰控制研究做了综述，在商业建筑温度控制中可以使用建筑热质量（BTM）、热能储存系统（TES）和相变材料（PCM）等方式进行电力调峰控制；Ashok[52]提出了一种分时电价制度下小型钢厂电力负荷管理控制方式，可以减少 50%的峰电段电力需求负荷，节约 5.7%的电力生产成本；葛少云和黄镠[53]通过构建用户选择充电时间对峰、谷电价时段的响应模型，以峰谷差率最小为目标，提出了一种电动汽车有序充电的优化方法。

2.4.2 负荷波动对调峰机组能耗影响

我国电网能源消耗以煤炭为主，2017 年火电机组发电量占我国总发电量的约 70%[54]。面对电力供给侧和需求侧的负荷波动和协调问题，出力相对稳定且负荷变化相对灵活的火电机组逐步承担起调峰重任，频繁、深度的参与调峰已成为火力发电厂的新常态。对火电机组而言，参与调峰就会面临着高额的启、停成本和低负荷运转带来的煤耗和额外的环境成本[55]。

电网负荷的变化严重影响了火电机组的发电效率。机组的供电煤耗主要由设计参数和设计水平决定。设计供电煤耗一般是机组在设计条件及额定负荷时的保证值；试验供电煤耗一般是机组在保证条件下，热力系统得到良好隔离时的试验结果；机组在实际运行时，负荷率、环境温度、燃用煤种及系统严密性均与设计状态有一定差别，这时供电煤耗的统计值为运行供电煤耗；运行供电煤耗一般高于设计供电煤耗和试验供电煤耗（图 2-9）[56~59]。

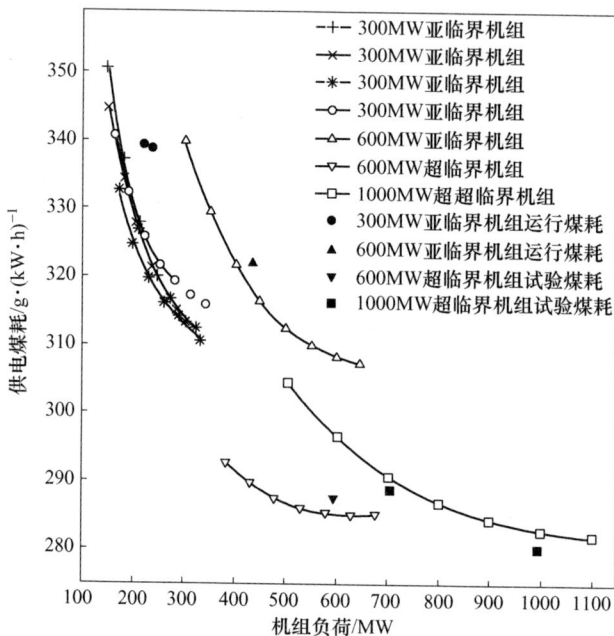

图 2-9　供电煤耗与负荷的关系[58]

在实际运行中，机组负荷属于不可控的外部环境，是影响机组供电煤耗的最大外部因素之一。锅炉、汽轮机以及辅机等设备随负荷变化表现出不同的运行特性，它们共同决定了整台机组供电煤耗的变化趋势。负荷降低时，汽轮机热耗率呈明显升高趋势（图 2-10）。

图 2-10 给出了几种典型的汽轮发电机组设计热耗率随负荷的变化曲线，这些机组从 125MW 超高压机组到目前最先进的 1000MW 超超临界机组。对于不同类型机组，设计热耗率随负荷变化趋势一致，有明显的规律性[58,59]。所以，调峰机组在随电网负荷波动而不断变化自身工作负荷时，会经常在低负荷状态下工

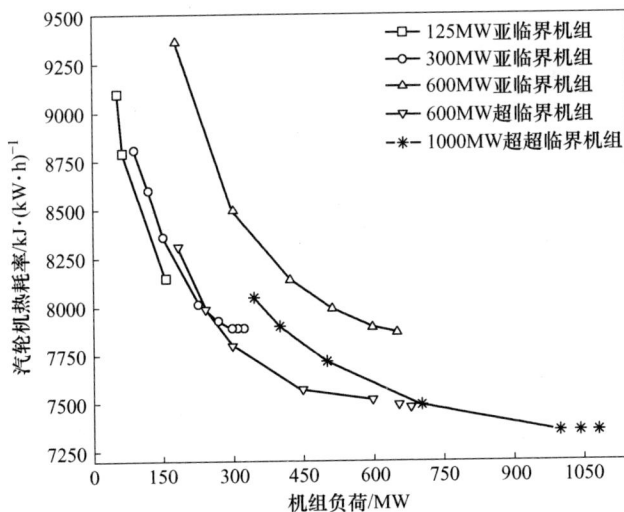

图 2-10　汽轮热耗率与负荷的关系[58]

作，严重影响机组的运行效率，导致供电煤耗升高，对机组的使用寿命也会造成
负面的影响。

2.5　本章小结

　　本章对钢铁产量发展、主要生产流程、能源强度评价方法、能耗影响因素、
节能潜力分析模型以及工业电力负荷管理等方面资料文献进行了综述，为后面的
研究提供了理论基础。

3 典型钢铁生产能耗影响因素及约束关系

本章主要研究钢铁生产中典型的能耗水平影响因素及约束关系。首先分析了钢铁生产原材料配比对生产能耗的约束，表现为废钢比对炼铁系统铁钢比（铁消耗量/钢产量）及电炉钢比例的约束；其次，通过数据说明生产规模对企业工序能耗和总能耗的约束，并从生产设备和生产水平等角度进行分析；此外，能源结构也是影响钢铁生产能耗水平的重要因素，表现为天然气与煤炭的工业转换效率的差别，以及电力折标系数对发电煤耗法下数据的影响；最后，由于钢铁生产节能措施和技术对生产工序能耗的有重要影响，3.4节对此进行了详细分析。

3.1 原材料中废钢比对生产能耗的约束

铁矿石和废钢是钢铁生产的两种主要原材料，与铁矿石相比，应用废钢炼钢可以省去炼铁系统（烧结、球团、焦化和高炉工序）生产，节约大量能源和资源[60~63]。在中国，钢铁生产中废钢资源的单耗（吨钢废钢消耗量）远低于世界平均水平，废钢单耗（或废钢比）对炼铁系统的铁钢比和电炉钢比产生了约束性影响。

3.1.1 钢铁生产废钢比

2017年，全球废钢消费量约为600Mt[60]。在众多废钢消费国中，中国是废钢消费量最大的国家，2017年消费废钢147.9Mt，占全球废钢消费量的24%（表3-1）。在钢铁工业中，用废钢比（scrap ratio，SR）来定义废钢消耗情况，如式（3-1）所示：

$$SR = \frac{SC}{P} \tag{3-1}$$

式中　SC——统计期内用于钢铁生产的废钢消耗量，t；

　　　P——统计期内的钢产量，t。

废钢比反映了一个国家钢铁工业生产原材料中废钢的比重。从近10年的数据上看，世界钢铁生产平均废钢比大约在35%~40%的水平。主要钢铁生产国中，美国的废钢比大约在75%，欧盟的废钢比大约在55%~60%的水平，日本的废钢比在35%左右[60]。

而我国钢铁生产废钢比只有10%~15%，远低于其他主要钢铁生产国。废钢比偏低导致我国钢铁企业生产主要依赖铁矿石为原材料,使炼铁系统铁钢比高于其他国家,而铁矿石加工成铁水过程中需要消耗大量的能源和资源,所以废钢比偏低对我国钢铁生产节能工作产生一定的负面影响。

表 3-1　2013~2017 年主要废钢消耗国废钢消耗情况[60]　　　　　（Mt）

地区	2013 年	2014 年	2015 年	2016 年	2017 年
欧盟（28）	90.3	91.6	90.6	88.4	93.4
中国	85.7	87.5	83.3	90.1	147.9
美国	59	62	56.5	56.7	58.8
日本	36.7	36.9	33.5	33.6	35.8
韩国	32.7	32.6	29.9	27.4	30.5
土耳其	30.4	28.2	24.1	25.9	30.3

3.1.2　废钢比对电炉钢比例的影响

高炉-转炉流程原材料以铁矿石为主,而电炉流程原材料以废钢为主。中国钢铁企业由于废钢比偏低,钢铁生产过度依赖以铁矿石为主要原材料的高炉-转炉流程,使电炉钢比例偏低(图 3-1)。

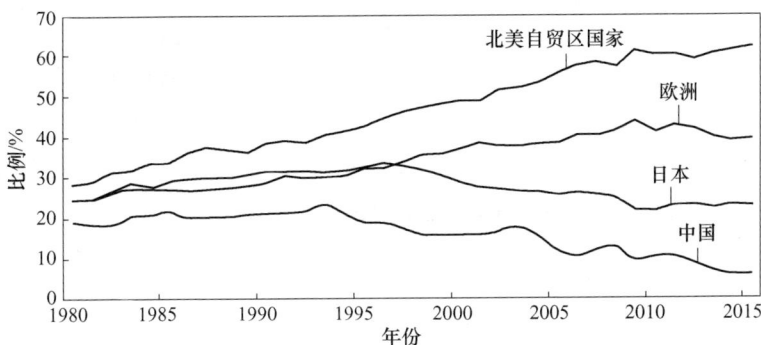

图 3-1　中国、日本等地区电炉钢比例[64]

我国废钢比偏低的原因之一是废钢存储量不足。由于钢铁的报废回收有一定的周期,我国从 2000 年开始才大量使用钢材产品,所以中国的废钢资源一直存在较大缺口。因此,过去十几年中国钢铁产量增长主要来自转炉钢产量的大量增长,而受废钢数量限制,电炉钢的产量较为平稳(图 3-2)。

未来几年我国前期积累的大量废钢将达到回收周期,废钢社会供应量将快速增长,预计 2020 年可回收利用废钢约在 200Mt 左右(图 3-3)[64]。因此,提高废钢比是我国钢铁工业发展的必然趋势。

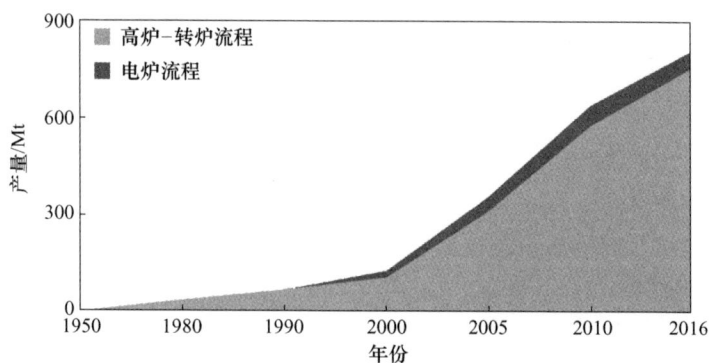

图 3-2   1950~2016 年中国钢铁工业两类流程产量

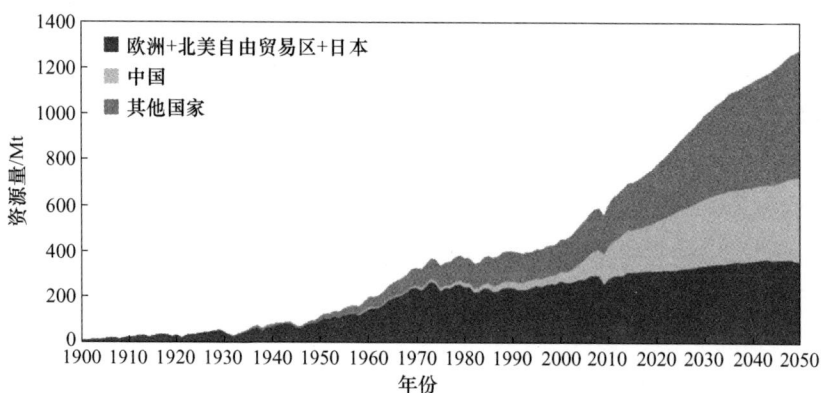

图 3-3   中国可回收利用废钢资源数量[64]

3.2   生产规模对工序能耗和整体能耗的影响

生产规模对钢铁生产能源效率也有重要影响。一般来说，大型装备能效水平较小型装备能效水平高，如 4000m³ 高炉单位产品生产能耗就比 1000m³ 高炉低 10%以上；此外，大型钢铁企业在管理、技术上的优势也使其生产能耗要低于小型企业（表 3-2）。

表 3-2   不同规模钢铁企业工序能耗[65]

生产规模	工序能耗（kgce/t 产品）				
（万吨）	焦化	烧结	炼铁	炼钢	钢加工
>1000	96.5	49.7	397.4	-4.6	51.0
500~1000	103.5	47.0	395.3	-11.5	50.8
300~500	117.8	50.7	409.9	-6.8	51.1
200~300	125.4	52.2	408.7	-0.6	66.5

生产规模	工序能耗（kgce/t 产品）				
（万吨）	焦化	烧结	炼铁	炼钢	钢加工
100~200	124.4	52.7	420.5	0.7	65.1
<100	137.3	54.2	434.6	6.3	112.0

注：表中为 2013 年数据。

从钢铁企业整体能耗上看，全国钢铁企业能效也存在较大差别。如表 3-3 所示，其中 A 值为全国能效最高水平，B 值为全国能效前 5% 水平，C 值为全国能效前 20% 水平，D 值为全国能效平均水平[18]。

表 3-3 高炉-转炉流程能耗指标值[18]

流程	数值类别	综合能耗（kgce/t）
高炉-转炉	A	575
	B	585
（含焦化）	C	620
	D	650

3.3 能源结构对能源工业转换效率的约束

能源结构对钢铁生产能源效率也有重要影响。首先，天然气的工业转换效率高于煤炭，而我国钢铁工业能源消耗以煤炭为主，天然气在能耗中比例远低于世界平均水平；其次，电力在总能耗中占比对目前我国使用的两类能源统计方法（发电煤耗法和电热当量法）下的数据影响很大。3.3.3 小节通过分析两类统计方法的主要区别，总结出两类统计方法间的转换公式。

3.3.1 能源结构的差异

根据 International Energy Agency（IEA）公布的统计数据[1]，2016 年钢铁工业能耗占世界工业能耗总量的 16.9%。从能源结构上看，世界钢铁工业能源消耗以煤炭为主（占能耗总量的 63%），其次是电力（占能耗总量 21%）和天然气（占能耗总量的 11%），还有 1% 来自油类，剩余的能源消耗由其他种类能源提供，例如生物质等（图 3-4）。

需要注意的是，不同国家之间能源结构差异很大。以 2016 年中美两国钢铁工业能源结构为例，中国钢铁工业能耗中煤炭占比高达 77%，天然气占比只有 2%；而美国钢铁工业能源消耗中只有 27% 来自煤炭，天然气占比高达 53%（图 3-5)[1]。由此可以看出，能源结构的区别显著存在于不同的钢铁生产国之间，而

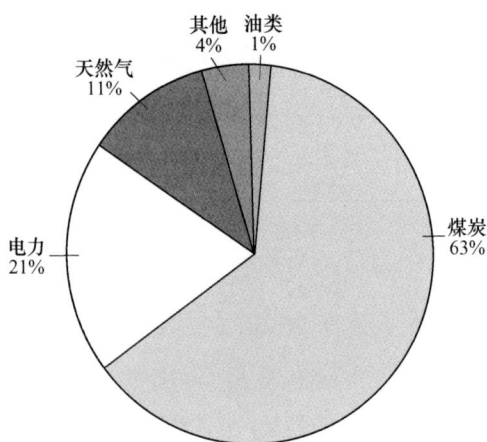

图 3-4　2016 年世界钢铁工业能源结构

不同种类能源的工业转换效率是存在差异的，因此能源结构差异会对钢铁生产能源效率造成一定影响。

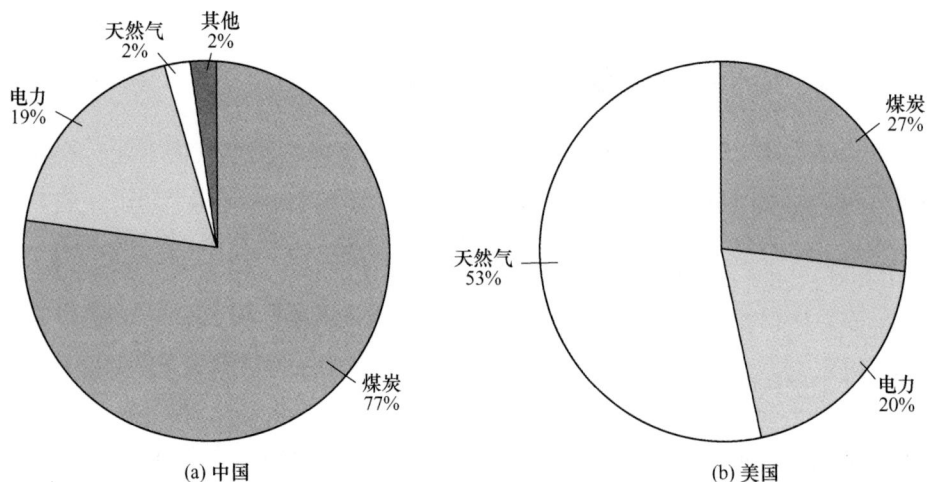

图 3-5　2016 年中美两国钢铁工业能源结构比较（IEA 数据）

(a) 中国

(b) 美国

3.3.2　天然气与煤炭的工业转换效率差异

我国的钢铁生产能源消费结构以煤炭为主，这种以煤为主的能源结构是引起我国大气污染的主要原因。同时，在钢铁生产能源消耗中，我国天然气在能耗中比例明显低于世界平均水平（图 3-4 和图 3-5）。在工业生产中，天然气、煤炭等能源的转化效率是存在差别的（表3-4）。

表 3-4　煤炭和天然气在工业生产中的转化效率[66]

能源种类	热值/MJ·kg^{-1}	发电效率/%	工业锅炉热效率/%	化工能耗/kg标煤·（t氨）$^{-1}$
煤炭	29.3	34~38	65~80	1800~1570
天然气	36.9	44~58	86~90	1210~990

由表3-4可以看出，天然气在工业中的能源转换效率明显高于煤炭，使用天然气替换煤炭可提高工业生产能源效率，因此工业生产中天然气比例的差别也是影响能源效率的重要因素。

3.3.3　电力参数对能耗的影响

电力的相关参数是影响钢铁生产能耗的另一个重要因素，根据中国能源统计系统，钢铁工业能耗有两种统计方法：发电煤耗计算法（CEC）及电热当量计算法（CVC），这两种计算法的区别在于电力的折标系数不同。根据《中国能源年鉴》[67]：在发电煤耗计算法中，电力的折标系数是按当年火电发电标准煤耗量计算；在电热当量计算法中，电力折标系数是按电的热当量值计算，即0.1229kgce/（kW·h）（图3-6）。

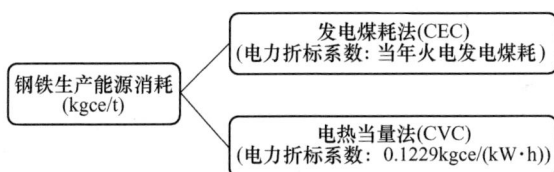

图 3-6　两类能耗统计方法

在实际应用中，使用发电煤耗法或电热当量法对数据进行分析，会获得较大差异的结果。因此，在分析钢铁生产能耗情况时，为了获得全面的结果，需要综合分析两类方法下的数据。本节根据发电煤耗法（e_{CEC}）及电热当量法（e_{CVC}）统计数据的主要区别，总结出两类方法统计数据的转换公式，如式（3-2）所示：

$$e_{CEC} = e_{CVC} \times (1 - \eta_{Ele}) + e_{CVC} \times \eta_{Ele} \times \frac{C}{F_{Ele}} \qquad (3-2)$$

式中　η_{Ele}——电力在钢铁生产能耗中的比例，%；

　　　C——当年火电发电煤耗，kgce/（kW·h）；

　　　F_{Ele}——电力对标煤折标系数，即0.1229kgce/（kW·h）。

3.4 节能技术对工序能耗的影响

在钢铁生产中，更广泛地推广最佳可用节能技术可大幅降低生产能源强度。特别是对于钢铁企业而言，使用最好的生产技术不仅能降低能耗和污染物排放，从经济效益角度看，也是非常有益的。本节通过对世界各地钢铁生产最佳节能技术应用实践的研究，详细分析了节能技术和措施对工序能耗的影响，及投资成本（美元）和回报周期（年）。

3.4.1 烧结、球团工序主要生产节能技术对工序能耗的影响

烧结工序和球团工序是为炼铁系统提供生产原材料的重要环节，其生产过程中会产生大量的余热资源，因此烧结和球团生产过程中的余热回收技术是降低工序能耗的有效方法（表 3-5）。

表 3-5　烧结、球团工序节能技术对工序能耗的影响

技术名称	节能效果	投资成本/美元	回报周期/a
烧结矿余热回收[68~71]	0.55GJ/t 产品	4.7/t 产品	2.8
球团矿余热回收[72,73]	0.087GJ/t 产品	1.45/t 产品	6.8
加料系统优化[74]	0.079GJ/t 产品	91 万 （烧结矿产能 100 万 t/a）	2.4
优化过程控制[75,76]	0.05GJ/t 产品	0.21/t 产品	1.4
降低漏风率[77,78]	1.7kW·h/t 烧结矿 （漏风率下降 10%）	0.12/t 产品	2.1
提高床层深度[79]	0.023GJ/t 产品 （增加 10mm 厚度）	38 万 （烧结矿产能 100 万 t/a）	1.6
烧结余热回收驱动技术[80]	效率提高 5%	800 万（5000kW 排气扇）	1
小球烧结[81~83]	固体燃料节约 10%	0.20/t 产品	1.6
低温烧结[84]	固体燃料消耗减少 9kg/t 烧结矿	19 万 （烧结矿产能 100 万 t/a）	0.7
链篦机-回转窑球团生产[85]	0.292GJ/t 产品	40.24/t 产品	8.5
烧结环冷液封装置[86,87]	2.7kW·h/t 产品	400 万（420m³ 环冷装置）	4~6

注：表中数据为参考值。

除了以上节能措施和技术外，在生产中使用点火炉多缝烧嘴、球团原料分离、给料设备的改进、催化燃烧[73]等节能技术可以进一步降低烧结、球团工序的能耗。

3.4.2 焦化工序主要生产节能技术对工序能耗的影响

焦化工序也是为炼铁系统提供原材料的重要环节。在焦化工序中，炼焦过程的能源消耗占整个工序能耗的大部分，所以降低炼焦过程中的能源消耗是降低焦化工序能耗的重点（表3-6）。

表 3-6　焦化工序节能技术对工序能耗的影响

技术名称	节能效果	投资成本/美元	回报周期/a
煤调湿技术[68,88]	0.3GJ/t 产品	1635 万 （焦炭产能 120 万 t/a）	6.7
控制加热[68,74]	0.17GJ/t 产品	0.37/t 产品	0.7
干熄焦技术[74,89,90]	35~45kgce/t 产品	2756 万 （年产焦炭 135 万 t）	6.9
捣固炼焦技术[91,92]	弱黏结煤的使用量 可以提高 15%~20%	124.57/t 产品 （包括干熄焦）	6
焦炉煤气回收[93]	6~8GJ/t 产品		1
无回收焦炉[73,81,94,95]	630~700kWh/t 产品		
改善生产力与环境的超级 焦炉（SCOPE21）[73,74,95]	能耗降低 21%	降低生产成本 18%	

注：表中数据为参考值。

3.4.3 高炉工序主要生产节能技术对工序能耗的影响

高炉工序是炼铁系统的核心环节，也是钢铁生产中能耗最高的工序。高炉炼铁生产所需的能量主要来自炭素燃烧以及热风和炉料反应热，高炉工序节能的工作重点是要努力降低燃料比，其次是提高二次能源回收利用水平（表3-7）。

表 3-7　高炉工序节能技术对工序能耗的影响

技术名称	节能效果	投资成本/美元	回报周期/a
高炉煤气回收[68]	0.07GJ/t 产品	0.47/t 产品	2.3
喷射天然气 （140kg/t 铁）[68]	0.90GJ/t 产品 （也可喷吹油、塑料废物和 焦炉煤气等[96~100]）	7.8/t 产品	1.3
顶压回收汽轮机 （湿式）[68,73,101]	0.11GJ/t 产品	31.3/t 产品	29.8
顶压回收汽轮机 （干式）[74]		659 万 （发电容量 7000kW）	1.8
热风炉自动化[68,102]	0.37GJ/t 产品	0.47/t 产品	0.4
改进的高炉控制系统[68,103]	0.40GJ/t 产品	0.56/t 产品	0.4

技术名称	节能效果	投资成本/美元	回报周期/a
高炉脱湿鼓风技术[104]	0.02GJ/t 产品 （风湿度降低 1g/m³）	479 万 （改造 2 个高炉鼓风机）	2
高炉热风炉双 预热技术[105,106]	减少 20kg 焦炭消耗 （热风温度升高 100℃）	1.86/t 产品	3.1
高炉煤气驱动吹制[107]	220GJ/a （2500m³ 高炉）	2.7/m³ 鼓风 （与中温压凝汽驱 鼓风机技术相比多出）	3.1
高炉煤气干法除尘 技术[108,109]	0.178GJ/t 产品	0.8（比湿式多出）	
高炉渣综合利用 技术[110]	节约 45%石灰石和 50%水泥生产能耗	3115 万 （矿渣粉生产线）	3.4
顶燃式热风炉[111]	减少 30%的炉体散热		
热风炉燃烧改进 及余热回收系统[112,113]	减少 10%能量 （5000m³ 高炉）		

注：表中数据为参考值。

3.4.4 转炉工序主要生产节能技术对工序能耗的影响

目前我国 90%以上的钢产量由转炉生产，因此降低转炉炼钢的生产能耗是钢铁生产节能工作的重点。通过高效地能源转换和回收、有效地利用二次能源等方式可有效降低转炉工序能耗（表 3-8）。

表 3-8 转炉工序节能技术对工序能耗的影响

技术名称	节能效果	投资成本/美元	回报周期/a
转炉煤气回收[74,114]	0.83GJ/t 产品	495~907 万（110t 转炉， 包括建设成本）	8.3~15.2
煤气显热回收[74,115]	0.126GJ/t 产品		
通风扇变速传动[68,116]	0.003GJ/t 产品	0.31/t 产品	9.9
转炉负能炼钢[117,118]	0.731GJ/t 产品	248 万（产能 Mt/a）	0.8
转炉煤气干法除尘技术[119]	回收转炉煤气 15~30m³/t	1161 万（250t 转炉， 湿式转化为干式）	3.3

注：表中数据为参考值。

3.4.5 电炉工序主要节能技术对工序能耗的影响

电炉炼钢是除转炉炼钢之外的另一种重要的炼钢方法，虽然目前在中国产量占比较小，但未来提高电炉钢产量是我国钢铁工业发展的必然趋势。与转炉炼钢相比，电炉炼钢的生产原材料一般是以废钢为主，铁水为辅，由于废钢从加热到融化需要消耗大量的能源，因此电炉工序的能耗和电耗都显著高于转炉工序。电炉炼钢的能源消耗主要是电力，因此降低电炉生产过程中的电耗是降低电炉工序能耗的重点。此外，电炉烟气除尘和余热回收利用等技术也对降低电炉工序能耗有一定帮助（表3-9）。

表 3-9　电炉工序节能技术对工序能耗的影响

技术名称	节能效果	投资成本/美元	回报周期/a
烟气余热回收[120]	130kW·h/t 产品		2.3
优化过程控制[121]	40kW·h/t 产品	1.05/t 产品	
调速驱动器[68]	0.05GJ/t 产品	2.0/t 产品	1~3
底吹/搅拌注气[68]	0.07GJ/t 产品	0.94/t 产品	0.2
泡沫渣[68]	0.07GJ/t 产品	15.6/t 产品	4.2
氧燃料燃烧嘴[122,123]	降低 30%~40% 能耗		
烟气监测与控制[121]	25kW·h/t 钢	3.6/t 产品	
偏心炉底出钢[68]	0.05GJ/t 产品	5.0/t 产品	6.8
废钢预热式后燃-竖炉[68]	0.43GJ/t 产品	9.4/t 产品	
供电优化技术[124~126]	10~30kW·h/t 钢	8 万/套系统	
废钢预处理[127,128]	0.058GJ/t 产品	200 万(年产100 万 t 钢)	4.6

注：表中数据为参考值。

3.4.6　铸造工序主要节能技术对工序能耗的影响

在铸造工序中，能量主要用于干燥和预热钢包、加热中间包、驱动电机和铸造设备等，钢水可以选择连铸或者薄板坯/近终形铸造。通过连铸技术可有效降低铸造过程的能源消耗，此外，对炼钢连铸过程进行控制优化和调度优化也可有效降低铸造工序的能耗（表3-10）。

表 3-10　铸造工序节能技术对工序能耗的影响

技术名称	节能效果	投资成本/美元	回报周期/a
高效连铸钢包中间包加热[68,129]	0.02GJ/t 产品	0.09/t 产品	1.3
准精化连铸薄板坯[68,130]	3.5GJ/t 产品	234.9/t 产品	3.3
直接轧制(整体铸轧)[117,131]	比传统轧机低 40%		
带钢连铸 Castrip 工艺[132]	2GJ/t 产品(与厚板坯连铸工艺比较)		
连续温度监测与控制[73]	能效提高 5% 以上		

技术名称	节能效果	投资成本/美元	回报周期/a
炼钢连铸优化调度[133,134]	炼钢周期降低 21%~23%	79 万（年生产 100 万吨钢）	4.6
锐边加热器[135]	节能约 28%		

注：表中数据为参考值。

3.4.7 轧制工序主要节能技术对工序能耗的影响

轧钢工序的能源消耗主要是用于加热钢坯，因此加热炉的能耗水平直接影响轧钢工序的能耗，降低加热炉能耗是轧钢节能的主要方向和目标。在生产中，可以通过产品余热回收、加热炉燃烧过程控制优化等技术降低轧钢过程的能耗（表 3-11）。

表 3-11 轧制工序节能技术对工序能耗的影响

技术名称	节能效果	投资成本/美元	回报周期/a
节能传动[68,136]	0.01GJ/t 产品	0.30/t 产品	3.2
润滑系统[68,137]	0.016GJ/t 产品		
除垢器变频调速[138]	311817kW·h/a		0.25
热装热送[139,140]	0.25~0.51GJ/t 产品	0.34/t 产品	2.2
热连轧过程控制[68,141,142]	0.30GJ/t 产品	1.1/t 产品	1.2
控制燃烧中的氧含量和速度[68]	0.33GJ/t 产品	0.79/t 产品	0.8
加热炉蓄热式燃烧器[74,131]	0.167~0.209GJ/t 产品	577 万/套系统	0.7
产品余热回收[131,142,143]	减少 70%~80%单位能耗（980°C 以上）		
高温炉的热化学调质[144]	降低炉内燃料消耗 25%		
低温轧制[145~148]	182kW·h/t 产品	0.42/t 产品	2.7
无极带材生产（ESP）[149]	综合节能超过 20%	25.70/t 产品	
直接淬火（DQ）[150]	节能约 24%		4.5
轧钢氧化铁皮的回收利用[151]	烧结燃料消耗降低 3.4%（烧结过程中添加 3%的氧化铁垢）	733 万（年处理 15 万吨氧化皮）	3.4
连续退火[152~154]	33%GJ/t 产品		

注：表中数据为参考值。

3.4.8 综合性节能措施

除了针对各钢铁生产工序的节能技术以外，还有一些钢铁生产通用的综合性节能技术，这些技术既适用于钢铁生产，原则上也适用于一些其他制造业的工业系统，例如能源监测管理系统、强化加热炉辐射、煤气锅炉发电技术、原料场抑尘技术、废水再循环、制造工艺优化等等[155-160]。

此外，一些工业通用节能系统也同样适用于钢铁生产，包括锅炉和蒸汽系统、压缩空气系统、分布式能源/组合热电联产（CHP）、电机系统、泵系统、风机系统和过程加热系统等等[161-168]。

3.5 本章小结

本章对钢铁生产主要能耗影响因素及约束关系进行了分析，包括废钢比对炼铁系统铁钢比和电炉钢比例的约束、钢铁企业规模对生产能耗的约束、能源种类对能源转换效率的约束和节能技术对工序能耗的影响等。此外，给出了两类能源统计方法（发电煤耗法与电热当量法）之间的转换公式，使后续研究中可以分析能源结构中电力比例和发电煤耗变化对钢铁生产能耗的影响。

4 基于废钢比差异的钢铁 生产系统能源效率分析

能效评价是在能耗分析的基础上，找出现有生产系统的节能方向，其结果对节能工作有帮助指导意义。在评价钢铁企业生产能耗水平时，使用合适的评价指标和评价方法才能获得更全面的评价结果。

目前，在分析不同地区钢铁企业能耗水平时，一般使用吨钢可比能耗作为比较标准。在钢铁生产中，吨钢可比能耗受废钢比、能源结构、流程结构、工序能耗和发电煤耗等因素影响。比较钢铁企业生产能源强度时，吨钢可比能耗是多种因素共同作用的结果，分析时仅凭吨钢可比能耗指标往往不能全面说明实际情况，特别是在研究生产技术水平对钢铁生产能源强度的影响时。本章通过定义宏观能耗和区域能耗的概念对此进行说明，并在此基础上，提出吨钢定比能耗的概念。吨钢定比能耗指标是基于实际应用的需要提出的，应用此指标可排除废钢比、流程结构、能源结构等因素的作用，研究生产技术水平对钢铁生产能耗的影响。

本章的 4.3 节以中国重点钢铁企业为研究对象，使用吨钢定比能耗指标对其 2006~2016 年能耗变化原因进行分析，说明定比能耗指标在分析同一地区钢铁生产能耗变化时的作用和效果；4.4 节以中国重点钢铁企业和日本钢铁企业作为研究对象，使用吨钢定比能耗指标分析两者能耗差距的变化及原因，说明吨钢定比能耗在分析不同地区钢铁生产能源强度时的作用和效果，为重点企业节能发展提供参考。

4.1 吨钢可比能耗指标局限性分析

首先从吨钢可比能耗指标计算方法出发，分析影响吨钢可比能耗指标的主要因素；然后通过分析实际应用中吨钢可比能耗指标的局限性，说明吨钢定比能耗指标提出的意义。

4.1.1 吨钢可比能耗计算方法

吨钢可比能耗是各工序能耗的迭加，本部分详细分析废钢比与炼铁系统能耗关系，吨钢可比能耗的计算式使用式（4-1）所示的形式：

$$e_{可比} = F \times f + G + H + I + J + K + M \tag{4-1}$$

式（4-1）中具体参数说明见表4-1。

表 4-1　式（4-1）参数说明

生产系统及工序		工序能耗 /kgce·(t 产品)$^{-1}$	钢比或铁比	能耗组成 /kgce·(t 钢)$^{-1}$
炼铁系统	焦化	A	a＝焦炭消耗量/铁产量	$A×a$
	烧结	B	b＝烧结矿消耗量/铁产量	$B×b$
	球团	C	c＝球团矿消耗量/铁产量	$C×c$
	高炉	D		D
	合计	$F=A×a+B×b+C×c+D$	f 为吨钢生铁消耗 F 为吨铁能耗	$F×f$
炼钢系统		转炉能耗 G_{BOF}	转炉钢比例 g_{BOF}	
		电炉能耗 G_{EAF}	电炉钢比例 g_{EAF}	
		合计 G	$G=G_{BOF}×g_{EAF}+G_{BOF}×g_{BOF}$ $g_{BOF}+g_{EAF}=100\%$	G
钢加工系统		H		H
机车		I		I
燃气加工与运输等		J		J
企业能源亏损		K		K
其他		M		M

由吨钢可比能耗计算公式可以看出，吨钢可比能耗的大小受多个因素的影响，包括工序的钢比或铁比系数、生产技术水平（工序能耗）和生产流程结构（电炉钢比和转炉钢比）等。

4.1.2　工序能耗对吨钢可比能耗的影响

根据表4-1，影响吨钢可比能耗的主要因素之一是钢铁生产中各个工序的能耗（表4-1中第2大列，包括 A、B、C、D、G_{BOF} 和 G_{EAF}，等等）。

从钢铁生产工序能耗上看（图4-1），2016年中国重点钢铁企业能耗最高的工序为高炉工序，其生产1t铁要消耗387.75kgce的能量；焦化工序能耗仅次于高炉工序，其生产1t焦炭要消耗97.46kgce的能量，剩余工序能耗从高到低依次为是电炉工序、钢加工（轧制）和烧结工序。目前我国重点钢铁企业转炉工序生产已经实现了"负能炼钢"，工序能耗为-12.24kgce/t。

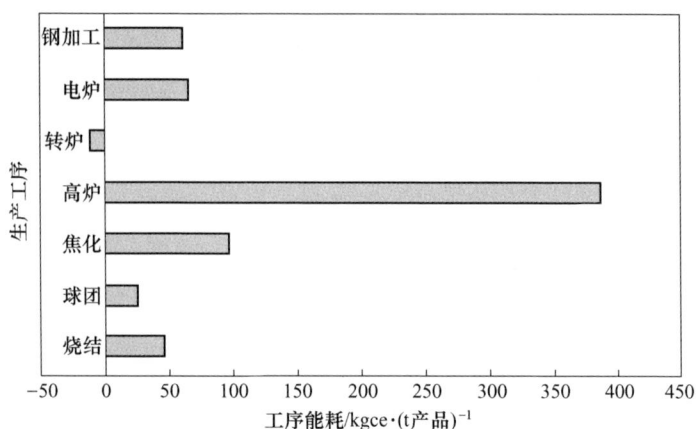

图 4-1   2016 年重点钢铁企业工序能耗[169]

4.1.3   废钢比对吨钢可比能耗的影响

除了生产工序的能耗水平外，各工序的钢比/铁比系数也是影响吨钢可比能耗大小的重要因素（表 4-1 中第 3 大列，包括 a、b、c、d、f、g_{BOF} 和 g_{EAF} 等）。由于中国钢铁生产的主要铁源只有废钢和铁矿石，所以高炉工序的铁钢比（吨钢的铁水消耗量）实际也由废钢比决定，而炼钢工序内的电炉钢产量更与废钢量直接相关。因此，废钢比实际上对吨钢可比能耗的大小有非常重要的影响。

具体来说，无论用于电炉流程或者转炉流程，与铁矿石相比，直接利用废钢炼钢可减少炼铁系统产量。因此在钢铁生产中多用废钢，能够减少炼铁的物耗和能耗。如果一个国家或地区钢铁生产废钢比高，则相应铁钢比就低；如果一个国家废钢比较低，则相应铁钢比就较高。我国重点钢铁企业 2006 ~ 2016 年废钢比与铁钢比数据见表 4-2，可以看出 2006 ~ 2016 年重点企业废钢比持续下降，相应的铁钢比呈现与之相反的上升趋势。

表 4-2   重点钢铁企业废钢比、铁钢比变化[170]

年份	废钢比 （废钢消耗量/钢产量）	铁钢比 （铁水消耗量/钢产量）
2006	0.160	0.874
2007	0.140	0.871
2008	0.144	0.884
2009	0.145	0.912
2010	0.138	0.907
2011	0.130	0.914

年份	废钢比 (废钢消耗量/钢产量)	铁钢比 (铁水消耗量/钢产量)
2012	0.115	0.926
2013	0.104	0.941
2014	0.107	0.949
2015	0.104	0.975
2016	0.112	0.944

4.1.4 吨钢可比能耗指标在应用中的局限性

根据 4.1.2 小节和 4.1.3 小节的分析，吨钢可比能耗指标受废钢比、生产流程结构、工序技术水平等因素影响，因此其大小是多种因素共同作用的结果。在实际应用中，仅使用吨钢可比能耗指标往往不能全面说明实际情况。

（1）不同地区钢铁生产情况不同，能耗情况很难用一个指标说明。

由于生产技术水平和废钢比对吨钢可比能耗有很大影响，因此，在比较不同国家或地区钢铁企业能耗水平时，忽略这两个因素的影响，单独使用吨钢可比能耗得出的结论是不全面的。为了说明这个问题，本小节定义了宏观能耗和区域能耗的概念，如式（4-2）所示：

$$E_{Mac} = \sum E_s = \sum e_s P_s \tag{4-2}$$

式中　E_{Mac}——宏观能耗，是一个国家或地区钢铁企业的生产能耗，tce；

　　　E_s——区域能耗，是宏观能耗内 s 地区能耗，tce；

　　　e_s——s 地区的吨钢可比能耗，kgce/t 钢；

　　　P_s——s 地区的钢产量，t。

本部分以世界钢铁工业作为研究对象说明吨钢可比能耗指标的局限性，此时宏观能耗 E_{Mac} 是世界钢铁工业的生产能耗，区域能耗 E_s 是各个钢铁生产国的能耗，在分析中不考虑钢产量变化（即 P_s 保持恒定）。在此情况下，根据式（4-2）可以看出，如果一个国家（或地区）的吨钢可比能耗 e_s 下降，由于 P_s 不变，则 E_s 也随之下降，E_{Mac} 也应该下降。但是，实际情况并非如此，根据前面叙述，影响 e_s 的应有两个主要因素，即废钢比和技术水平，因此钢铁生产区域能耗 Δe_s 和宏观能耗 ΔE_s 变化如式（4-3）和式（4-4）所示：

$$\Delta e_s = \Delta e_{s,Tec} + \Delta e_{s,SR} \tag{4-3}$$

$$\Delta E_s = (\Delta e_{s,Tec} + \Delta e_{s,SR}) \times P_s \tag{4-4}$$

式中　$\Delta e_{s,Tec}$——由技术水平变化造成的吨钢能耗变化，kgce/t；

　　　$\Delta e_{s,SR}$——由于废钢比变化造成的吨钢能耗变化，kgce/t。

由于技术水平的变化造成的钢铁生产能耗变化的 $\Delta e_{s,\text{Tec}}$ 仅作用于 s 国（或地区）内，不会对其他国家的吨钢能耗产生影响，所以技术水平进步造成的 $\Delta e_{s,\text{Tec}}$ 与 ΔE_s 变化是趋势一样的，即 $\Delta e_{s,\text{Tec}}$ 越大则 ΔE_s 越大，节能越明显。但是，由废钢比变化造成的吨钢能耗变化 $\Delta e_{s,\text{SR}}$ 将影响到 s 国（或地区）以外地区的能耗，所以最终未必会使 E_{Mac} 的下降，具体来说：

1）基于废钢资源的有限性（即全球每年可回收利用的废钢资源数量是有限的），在产量和技术水平不变的情况下，如果 s 国家或地区通过增加废钢比使 e_s 下降，则其他国家的 e_s 会上升；由于各地区技术水平存在差异，所以宏观能耗 E_{Mac} 未必会下降，甚至会出现上升的情况。以中国为例进行说明，2016 年中国钢铁工业废钢比为 11.2%，远低于 35.5% 的世界平均水平，如果中国通过进口废钢的方式提升废钢比，可大幅降低吨钢可比能耗；但由于全球每年可回收利用废钢量有限，其他国家的钢铁生产废钢比就会下降，其吨钢可比能耗会上升，如果受影响国家的炼铁系统生产技术水平低于中国，则全球钢铁工业整体能耗不仅不会下降，还会上升。由此可以看出吨钢可比能耗指标在实际使用时的局限性，因此，需要一种能排除废钢比影响而研究钢铁生产技术水平的能耗指标作为比较参考，才能更全面地说明问题。

2）另一方面，废钢本身是载能体，也是一种数量有限的资源。从吨钢能耗角度看，中国与发达国家存在差距。但是，从原材料角度看，2016 年中国仅 11.2% 的钢产量由废钢资源生产，其他 88.8% 的钢产量由铁矿石生产；而发达国家废钢比远高于中国，其生产中消耗了更多的废钢资源。如果只使用吨钢可比能耗指标进行能耗评价，忽略废钢资源消耗量的差别，得出的结论也是不全面的。

（2）单独使用吨钢可比能耗，不能说明能耗变化原因。

除了上述原因外，吨钢可比能耗的另一个局限性是不能说明能耗变化原因。在研究钢铁生产能源强度变化时，吨钢可比能耗指标只能反应某段时间内的能源强度变化结果。但在实际情况下，这种变化结果是受多种因素的共同作用产生的，而且由于钢铁生产中的多种因素的变化都是同时发生的，当需要研究各个因素对能耗变化的影响，或者主要能源强度变化影响因素时，仅使用吨钢可比能耗指标是不能达到目的的。

4.2 吨钢定比能耗指标的提出

基于前面对吨钢可比能耗指标局限性的分析，本节提出吨钢定比能耗的概念。将吨钢定比能耗，即特定废钢比和生产流程比下的吨钢能耗，记为 e_{SR}。吨钢定比能耗是在吨钢可比能耗的基础上，排除废钢比和生产流程比例的影响，针对钢铁生产技术水平进行的研究。

在实际应用中，综合使用吨钢可比能耗和吨钢定比能耗进行分析，可以更全面地说明实际问题。在比较一个国家钢铁生产能耗变化或者两个不同国家能耗水平差异时，使用吨钢定比能耗指标可以说明更多信息：

（1）在评价一个国家或地区吨钢能耗变化时，在使用吨钢可比能耗指标的基础上，配合使用吨钢定比能耗，可以分析这个国家或地区钢铁生产能耗变化的原因，并分析各个因素对能耗水平变化的影响。

（2）在比较不同国家或地区钢铁工业能耗时，在使用吨钢可比能耗指标的基础上，配合使用吨钢定比能耗，可以分析能耗差距的原因，更准确地说明节能方向和潜力。

4.2.1 吨钢定比能耗计算方法

为了给出吨钢定比能耗的计算方法，首先将吨钢可比能耗计算式（4-1）进行简化，根据表 4-1 将吨钢可比能耗简化为 4 部分：炼铁系统（包括烧结、球团、焦化和炼铁工序）、炼钢系统（包括转炉和电炉工序）、钢加工系统和其他能耗，如式（4-5）所示：

$$e_{可比} = Fxf + G + H + N \tag{4-5}$$

式中　N——机车、燃气加工与运输、其他能耗和企业能源亏损分摊到每吨钢上的能耗（包含表 4-1 中的 I、J、K 和 M），kgce/t。

吨钢定比能耗提出的目的是排除废钢比、流程结构等因素的作用，研究生产技术水平对能耗的影响。在钢铁生产中，废钢比和生产流程结构对能耗的影响集中在炼铁系统和炼钢系统，而一般对钢加工与其他辅助工序能耗无明显影响。因此，吨钢定比能耗（e_{SR}）可通过式（4-6）计算（具体参数的解释和说明见4.2.2 小节和 4.2.3 小节）：

$$e_{SR} = F \times f_{SR} + G_{SR} + H + N \tag{4-6}$$

式中　f_{SR}——某废钢比下相应的铁钢比，无量纲；

　　　　G_{SR}——某废钢比下相应的炼钢系统单位能耗，kgce/t。

4.2.2 基于物料平衡的废钢比与铁钢比的匹配关系

吨钢定比能耗计算式（4-6）与吨钢可比能耗计算式（4-5）的区别之一是铁钢比 f_{SR} 发生变化。废钢比对炼铁系统能耗的影响体现在对铁钢比的影响上，在钢铁工业中，粗钢由铁（炼铁系统生产）或废钢生产。根据物料平衡，铁钢比的大小与废钢比大小应有守恒关系。一般来说，1t 废钢能生产 1t 粗钢[61]，且假设个独立年份内的生铁成分恒定（即各年份内每吨铁的产钢量恒定），则基于钢铁生产中物料平衡关系，各年份内废钢比与相应的铁钢比有式（4-7）的匹配关系：

$$\frac{f_1}{1 - SR_1} = \frac{f_2}{1 - SR_2} \qquad (4-7)$$

式中 f_1, f_2——废钢比为 SR_1 和 SR_2 时的相应的铁钢比,无量纲。

4.2.3 废钢比与炼钢系统能耗的匹配关系

吨钢定比能耗计算式(4-6)与吨钢可比能耗计算式(4-5)的第二个变化在于炼钢系统能耗的变化。废钢比和生产流程结构对炼钢工序的影响体现在转炉和电炉吨钢能耗和产量占比上,基于表 4-1 内炼钢系统能耗的计算式,给出某废钢比下的炼钢系统能耗表达式,如式(4-8)所示:

$$G_{SR} = G_{EAF, SR} \times g_{EAF, SR} + G_{BOF, SR} \times g_{BOF, SR} \qquad (4-8)$$

式中 G_{SR}——某废钢比下炼钢系统的单位能耗,kgce/t 钢;

$\quad g_{BOF,SR}$——某废钢比下相应的转炉钢比例,%;

$\quad g_{EAF,SR}$——某废钢比下相应的电炉钢比例,%;

$\quad G_{BOF,SR}$——某废钢比下相应的转炉工序能耗值,kgce/t 钢;

$\quad G_{EAF,SR}$——某废钢比下相应的电炉工序能耗值,kgce/t 钢。

4.3 重点钢铁企业生产能源强度变化原因分析

在确定了吨钢定比能耗的计算方法后,本节使用吨钢定比能耗指标,以中国重点钢铁企业为研究对象,说明吨钢定比能耗在实际应用中的效果。

4.3.1 主要工序生产和能耗参数

根据吨钢定比能耗的计算公式,在计算中需要的数据包括工序能耗、产量、电炉钢比、转炉钢比和废钢比等[169~175](表 4-3 和表 4-4)。

表 4-3   重点钢铁企业各工序能耗   (kgce/t 产品)

年份	炼铁系统				炼钢系统		钢加工	可比能耗
	烧结	球团	焦化	高炉	转炉	电炉		
2006	55.61	33.08	123.11	433.08	9.09	81.26	64.98	623.04
2007	55.21	30.12	121.72	426.84	6.03	81.34	63.08	614.61
2008	55.49	30.49	119.97	427.72	5.74	81.52	59.58	609.61
2009	54.52	29.96	113.97	410.55	2.78	73.44	57.66	595.38
2010	52.65	29.39	105.89	407.76	-0.16	73.98	61.69	581.14
2011	54.34	29.60	106.65	404.07	-3.21	69.00	60.93	572.04

年份	炼铁系统				炼钢系统		钢加工	可比能耗
	烧结	球团	焦化	高炉	转炉	电炉		
2012	50.60	28.75	102.72	401.82	-6.08	67.53	57.31	577.74
2013	49.76	28.58	99.87	399.88	-7.81	62.38	60.32	564.84
2014	49.48	27.12	98.15	388.70	-8.73	66.06	63.30	546.45
2015	48.53	26.72	99.66	384.43	-11.89	60.38	63.44	530.68
2016	47.78	26.16	97.46	387.75	-12.24	65.90	61.78	533.96

表 4-4　重点钢铁企业各工序产量　　　　（万吨）

年份	烧结	球团	焦炭	铁产量		钢产量		
				总铁产量	用于炼钢	转炉	电炉	总产量
2006	41724	7339	9191	31771	30557	31560	3384	34948
2007	49405	9043	9957	36535	35206	36528	3882	40413
2008	53156	9420	10687	38170	36697	37800	3664	41492
2009	58381	9496	11945	45814	44281	44809	3437	48249
2010	67423	12045	14234	51985	50283	51458	3970	55431
2011	71555	14243	13359	56512	54684	56087	3734	59862
2012	79068	13495	12623	58896	56987	58521	3038	61566
2013	86880	15906	12439	64621	62250	62777	3382	66168
2014	90129	13932	12098	66804	64395	64401	3438	67851
2015	87044	11324	12026	64795	62843	61440	2986	64436
2016	88225	11241	12496	65196	62893	63496	3084	66593

表 4-3 和表 4-4 中数据的主要来源有中国钢铁工业协会发布的数据、《中国钢铁年鉴》、国家统计局及相关机构发布的数据，以及部分参考文献资料里的数据，等等[169~175]。

4.3.2　各生产系统能耗变化

在计算吨钢定比能耗之前，先分析废钢比对吨钢可比能耗指标的影响，以进一步说明吨钢定比能耗提出的意义。在此之前，需要确定各主要工序的铁比/钢比系数，根据表 4-3、表 4-4 中的数据和表 4-1 的说明，计算 2006~2016 年间中国重点钢铁企业各工序的钢比/铁比系数，结果见表 4-5。

根据表 4-3 和表 4-5 中 2006~2016 年重点钢铁企业生工序能耗、铁比/钢比系数，通过式（4-1）以及表 4-1 中的说明，将 2006~2016 年间中国重点钢铁企业各系统能耗变化计算出来，结果见表 4-6。

表 4-5 重点钢铁企业主要生产工序铁比/钢比系数

年份	炼铁系统工序铁比系数			钢比系数	转炉钢比/%	电炉钢比/%
	烧结/铁产量	球团/铁产量	焦炭/铁产量	铁产量/钢产量		
2006	1.313	0.231	0.289	0.874	90.3	9.7
2007	1.352	0.248	0.273	0.871	90.4	9.6
2008	1.393	0.247	0.280	0.884	91.1	8.8
2009	1.274	0.207	0.261	0.918	92.9	7.1
2010	1.297	0.232	0.274	0.907	92.8	7.2
2011	1.266	0.252	0.236	0.914	93.7	6.2
2012	1.343	0.229	0.214	0.926	95.1	4.9
2013	1.344	0.246	0.192	0.941	94.9	5.1
2014	1.349	0.209	0.181	0.949	94.9	5.1
2015	1.343	0.175	0.186	0.975	95.4	4.6
2016	1.353	0.172	0.192	0.944	95.3	4.7

表 4-6 2006~2016 年重点钢铁企业各系统能耗 （kgce/吨产品）

年份	炼铁系统		炼钢系统	钢加工	其他
	吨钢炼铁系统能耗	占可比能耗比例/%			
2006	480.11	77.1	16.09	64.98	61.87
2007	472.24	76.8	13.26	63.08	68.03
2008	482.46	79.1	12.48	59.58	55.08
2009	470.56	79.0	7.80	57.66	59.37
2010	464.28	79.9	5.18	61.69	50.00
2011	462.02	80.8	1.33	60.93	47.76
2012	462.56	80.1	-2.47	57.31	60.34
2013	463.88	82.1	-4.23	60.32	44.87
2014	454.46	83.2	-4.92	63.30	33.61
2015	461.00	86.9	-8.57	63.44	14.81
2016	448.98	84.1	-8.57	61.78	31.77

根据各工序的能耗和铁比/钢比系数数据，通过式（4-5）计算出 2006~2016 年中国重点钢铁企业各系统节能情况（图 4-2）。

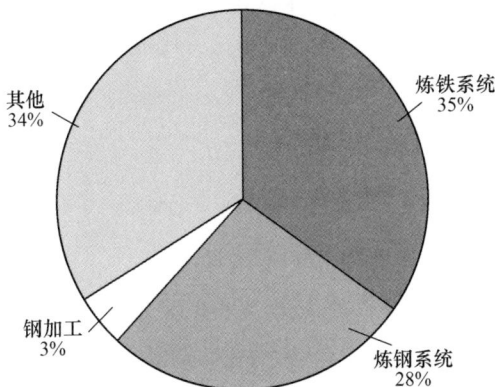

图 4-2 2006~2016 年重点钢铁企业各系统节能情况

由图 4-2 可以看出，2006 ~ 2016 年间重点企业吨钢可比能耗下降了 89.08kgce/t，其中炼铁系统、炼钢系统、其他工序节能量占比分别为 35%、28% 和 34%，而钢加工工序能耗下降较小，只占 3%。

4.3.3 废钢比对炼铁系统能耗影响

根据式（4-1）计算出炼铁系统吨铁能耗，将重点钢铁企业吨铁能耗与吨钢可比能耗中炼铁系统能耗占比关系表示在图 4-3 中。

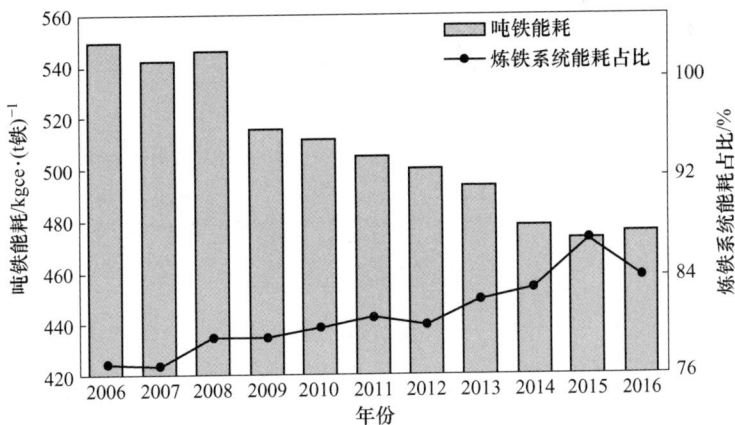

图 4-3 2006~2016 年重点钢铁企业吨铁能耗与炼铁系统能耗占比

从图 4-3 中的吨铁能耗变化趋势上可以看出，中国重点钢铁企业技术水平的进步非常明显，2006 ~ 2016 年中国重点钢铁企业炼铁系统吨铁能耗下降

73.71kgce/t 铁，降幅 13.4%。但根据表 4-6 中的数据，2006~2016 年重点企业生产 1t 钢炼铁系统的能耗却只下降了 31.13kgce/t 铁，降幅只有 6.5%，远小于吨铁能耗的降幅。此外，吨铁能耗的降低也没有体现在可比能耗中炼铁系统占比上，2006~2016 年重点企业炼铁系统在吨钢可比能耗中占比不仅没有下降，反而从 2006 年的 77.1% 上升到 2016 年的 84.1%。

根据表 4-1 说明，炼铁系统能耗是吨铁能耗与铁钢比的乘积。由图 4-4 可以看出，重点钢铁企业 2006~2016 年铁钢比呈现明显的上升趋势，而铁钢比是直接受废钢比影响的（图 4-4）。可见，由于废钢比的持续下降，导致铁钢比持续上升，所以尽管 2006~2016 年吨铁能耗下降幅度较大，却不能从炼铁系统能耗变化中完全反映出来。

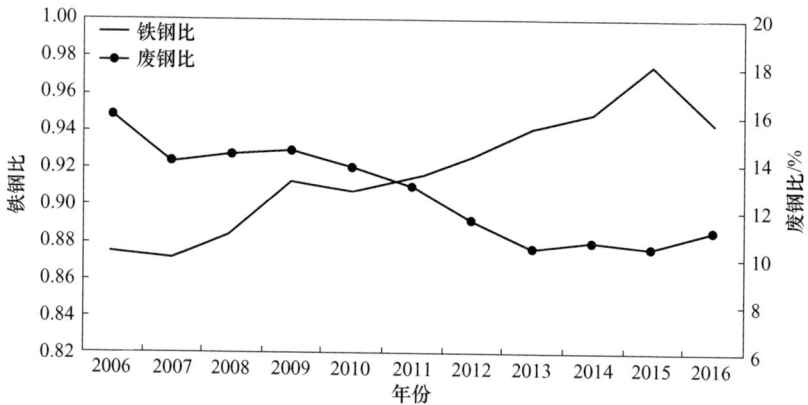

图 4-4　2006~2016 年中国重点钢铁企业废钢比与铁钢比变化

因此，2006~2016 年重点钢铁企业废钢比变化对吨钢可比钢能耗有增加趋势的影响，也就是说，重点钢铁企业吨钢可比能耗下降是依赖技术水平的显著进步。但受废钢比下降影响，尽管 2006~2016 年间重点钢铁企业技术水平不断提高，却不能完全从吨钢可比能耗数据中反映出来。

4.3.4　两类能耗计算方法下能耗水平变化的原因

为了分析技术进步对钢铁生产能耗的真实影响，本部分使用吨钢定比能耗指标，对重点钢铁企业 2006~2016 年能耗情况进行分析。由于钢铁生产中废钢比变化会导致电炉钢比例变化，进而影响钢铁生产的能源结构，因此分析时还考虑了电力比例和发电煤耗变化的影响，分别计算了电热当量法和发电煤耗法下的结果。

4.3.4.1　电热当量法

首先对电热当量法下的数据进行分析（此时电力折标系数按电的热当量值计算）。在计算吨钢定比能耗时，假设2006~2016年废钢比不发生变化，即稳定在2006年的16%，则炼铁系统和炼钢系统工序的铁比/钢比系数也随之保持在2006年水平，根据表4-3~表4-5中的数据，使用式（4-6）~式（4-8）计算出2006~2016年重点钢铁企业吨钢定比能耗的数值，并与吨钢可比能耗一起列于图4-5中。

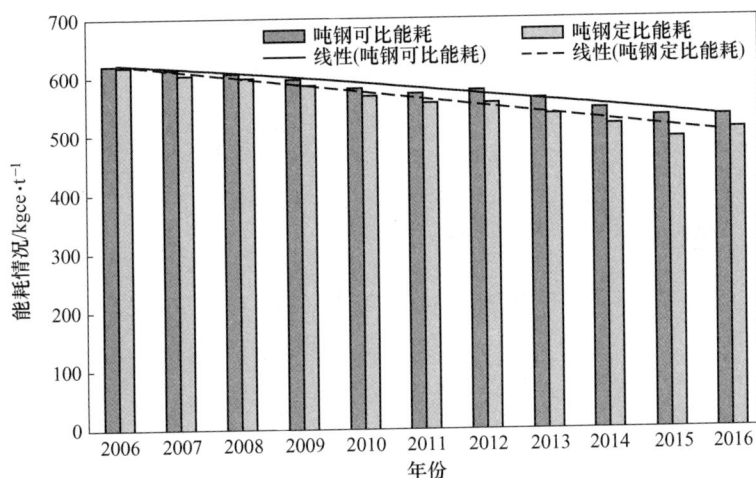

图4-5　重点钢铁企业定比能耗与可比能耗比较

从图4-5可以看出，中国重点钢铁企业2006~2016年吨钢定比能耗下降111.8kgce/t，降幅达17.9%；而同期吨钢可比能耗仅下降89.0kgce/t，降幅为14.3%，低于吨钢定比能耗的降幅。综合比较吨钢可比能耗与吨钢定比能耗下的数据，可以分析出重点企业能耗变化原因：2006~2016年，重点钢铁企业通过生产技术水平进步使吨钢定比能耗下降17.9%，但由于生产废钢比由2006年的16%下降到2016年的11.2%，使铁钢比从2006年的0.874上升到2016年的0.944，影响了炼铁系统的节能表现，并使电炉钢比例下降，最终重点企业吨钢可比能耗降幅仅为14.3%。

4.3.4.2　发电煤耗法

在发电煤耗法下，技术水平进步分为钢铁生产技术进步和火力发电技术进步两部分。根据《中国能源统计年鉴》数据，中国火电发电煤耗由2006年的343g/(kW·h)降低到2016年的294g/(kW·h)（6MW以上火电机组发电煤耗），降幅达14%（表4-7）。在分析时，增加考虑发电煤耗保持在2006年水平情况下的吨钢定比能耗，以分析发电水平进步对钢铁生产能耗的影响。

表 4-7　重点企业吨钢可比能耗和我国火电发电煤耗数据

年份	发电煤耗法下重点企业 吨钢可比能耗/kgce·t^{-1}	6MW 以上火电机组发电煤耗 /gce·(kW·h)$^{-1}$
2006	729	343
2007	718	332
2008	709	322
2009	697	320
2010	681	312
2011	675	308
2012	674	305
2013	662	302
2014	654	300
2015	644	297
2016	640	294

在分析中，由于电力在重点钢铁企业吨钢可比能耗中占比没有具体统计数据，因此，首先根据表 4-3 和表 4-7 中 2006~2016 年两类统计方法下吨钢可比能耗和火电发电煤耗的数据，通过式（3-2）计算出其数值，计算结果见表 4-8。

表 4-8　重点钢铁企业吨钢可比能耗中电力比例　　　（%）

年份	可比能耗中电力比例	年份	可比能耗中电力比例
2006	9.5	2012	11.2
2007	9.9	2013	11.8
2008	10.1	2014	13.7
2009	10.6	2015	15.1
2010	11.2	2016	14.3
2011	12.0		

注：电热当量法下数据。

确定了 2006~2016 年重点企业吨钢可比能耗中电力比例后，将图 4-5 中的电热当量法下吨钢定比能耗数据转换为发电煤耗法下的数据，并增加考虑了火电发电煤耗保持在 2006 年水平（343gce/(kW·h)）的情况，以分析发电技术水平进步的对钢铁生产能耗数据的影响，通过式（4-6）~式（4-8）和式（3-2）计算的结果如图 4-6 所示。

结果显示，2006~2016 年中国重点钢铁企业吨钢可比能耗（发电煤耗法）下降了 89kgce/t，与 2006 年相比降低 12.2%；吨钢定比能耗下降了 150kgce/t，与 2006 年相比下降 20.6%；当发电技术水平保持在 2006 年水平时，定比能耗下降 130kgce/t，与 2006 年相比下降 17.8%。

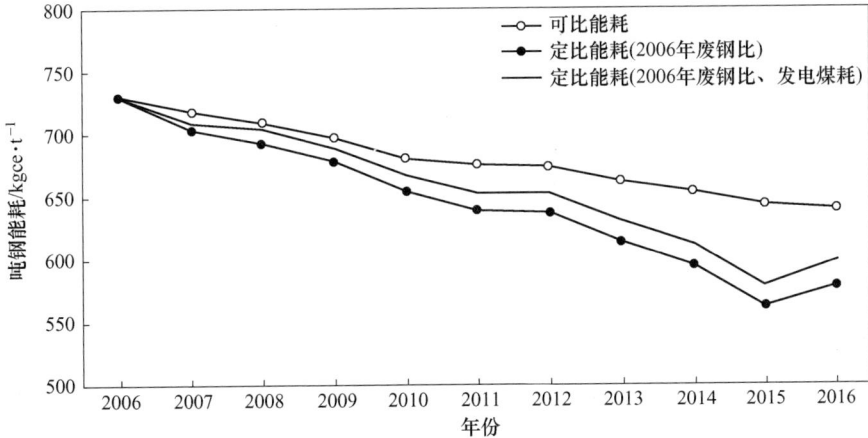

图 4-6　重点钢铁企业吨钢可比能耗与吨钢定比能耗比较

综合比较 2006～2016 年发电煤耗法下吨钢可比能耗与吨钢定比能耗数据，可以得出重点钢铁企业生产能源强度变化原因：

（1）重点钢铁企业在 2006～2016 年间通过钢铁生产技术水平进步使吨钢定比能耗下降 17.8%，在此基础上考虑火电发电水平进步，最终降幅为 20.6%；

（2）但由于废钢比由 2006 年的 16.0% 下降到 2016 年的 11.2%，对吨钢可比能耗有向上的影响趋势，使技术水平进步节能效果被部分抵消，多个因素共同作用下最终吨钢可比能耗降幅为 12.2%。

4.4　中国、日本钢铁企业能源强度比较分析

4.3 节通过实际应用说明了吨钢定比能耗在研究同一地区钢铁生产能耗变化时的作用，本节进一步分析吨钢定比能耗在分析不同国家或地区的钢铁生产能源强度时的作用。

在目前世界主要钢铁生产国中，日本一直被认为是钢铁生产节能技术最先进、能源效率最高的国家。本节以中国重点钢铁企业（能耗和产量统计数据详细，2016 年产量占全国产量 82.5%）和日本钢铁企业为研究对象，使用吨钢定比能耗指标对两者钢铁生产能耗水平进行比较分析。

4.4.1　生产与能耗情况比较

日本钢铁工业起步较早，且一直非常重视节能工作。几十年来，日本一直是

钢铁工业能源利用效率最高的国家之一，吨钢可比能耗也保持在较低水平。根据IEA等机构发布的研究数据，日本钢铁企业生产能源效率排在全世界首位[176~178]。

中国钢铁工业近二十几年才开始快速发展，尽管其间中国钢铁企业在降低能源强度方面取得了不错的成绩，但根据《中国能源统计年鉴》[178]的统计数据，与日本相比，中国重点钢铁企业吨钢可比能耗2006年高出16.3%，2010年高出11.3%，2016年高出5.3%（表4-9）。

表4-9　中国和日本吨钢可比能耗比较（发电煤耗法）[178]　　（kgce/t）

年份	中国①	日本②
2006	729	627
2007	718	610
2008	709	610
2009	697	612
2010	681	612
2011	675	612
2012	674	614
2013	662	608
2014	654	614
2015	644	608b
2016	640	608b

①中国重点钢铁企业能耗。

②现有统计年鉴尚未包含2015和2016年日本钢铁工业统计数据，由于2007年以来日本的吨钢可比能耗基本保持稳定，只在6kgce/t范围内波动，因此表中取近十年低值608kgce/t作为2015和2016年日本钢铁工业吨钢可比能耗。

一直以来，节能技术的差距被认为是造成中国和日本钢铁工业能耗差距的主要原因，因此，在过去的十几年中，中国钢铁工业在提升钢铁生产节能技术普及率上做了很多工作，并取得了明显的进步。从近几年的数据上看，中国重点钢铁企业的主要节能技术普及率（干熄焦、TRT、转炉煤气回收等）与日本已经比较接近（图4-7）[177]。

根据本章4.1节的分析，除了生产技术水平之外，废钢比和生产流程结构也是影响钢铁工业能耗水平的重要因素，因此吨钢能耗水平差距也可能是由这些因素差异造成的，此时就需要使用吨钢定比能耗指标进行分析。

从生产流程结构上看，中国、日本企业存在很大差异，2016年中国93.7%的钢产量来自高炉-转炉流程，只有6.3%的钢产量来自电炉流程；而日本77.8%的钢产量由高炉-转炉流程生产，其余22.2%的钢产量产自电炉（表4-10）[179]。

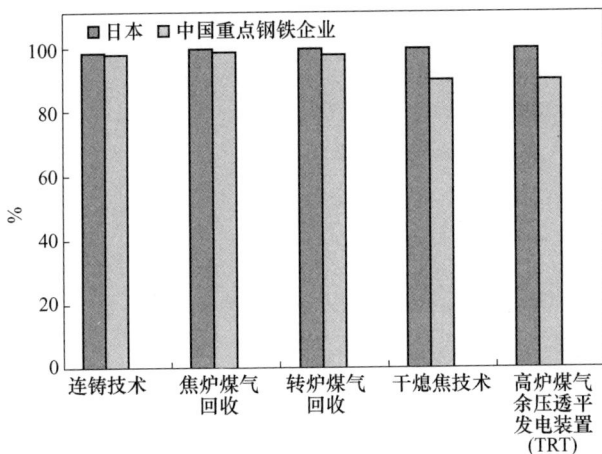

图 4-7　中国和日本钢铁企业主要节能技术普及率

（连铸技术为 2013 年数据，中国的 CDQ 和 TRT 技术普及率为
2010 年数据，图中其余数据均为 2014 年数据）

表 4-10　2016 年中国、日本钢铁工业生产情况比较

国家	钢 产 量		流程比例/%	
	产量/Mt	占世界总钢量比例/%	高炉-转炉流程产量占比	电炉流程产量占比
中国	807.6	49.6	93.7	6.3
日本	104.7	6.4	77.8	22.2
世界	1627	100	74.1	25.3

　　再比较中国重点钢铁企业和日本钢铁企业生产的废钢比，也可以看出两者存在明显差异（表 4-11），2006~2016 年，日本钢铁企业平均废钢比为 34.3%，而中国重点钢铁企业平均废钢比仅为 12.7%，远低于日本的水平。

表 4-11　2006~2016 年中国、日本钢铁工业废钢比[60]　　　（%）

年份	中国	日本
2006	16.0	36.3
2007	14.0	36.9
2008	14.4	37.7
2009	14.5	34.1
2010	13.8	35.0
2011	13.0	34.6

年份	中国	日本
2012	11.5	33.1
2013	10.4	33.2
2014	10.7	33.3
2015	10.4	31.9
2016	11.2	32.1

4.4.2 发电煤耗法下能耗水平差距原因

为了研究废钢比、生产流程结构等因素差异对中国和日本钢铁企业能源强度差距的影响，本节使用吨钢定比能耗指标进行计算分析，以说明两者能耗差距的原因，找出我国钢铁企业未来的重点节能发展方向。

在比较中国重点钢铁企业和日本钢铁企业吨钢定比能耗时，假设中国重点钢铁企业有与日本钢铁企业有相同的废钢比，进而也有同样的电炉钢比和总能耗中电力占比，这样就能排除其他因素的影响，比较由于技术水平差距造成的吨钢能耗差距。计算中，需要用到日本钢铁企业高炉-转炉流程、电炉流程比例及电力在总能耗中占比的等数据（表 4-12）。

表 4-12   日本钢铁工业 2006~2016 年生产流程结构及电力占比[1,179,180]   （%）

年份	转炉钢比例	电炉钢比例	总能耗中电力占比
2006	74	26	23
2007	74.2	25.8	24
2008	75.2	24.8	26
2009	78.1	21.9	26
2010	78.2	21.8	25
2011	76.9	23.1	26
2012	76.8	23.2	25
2013	77.5	22.5	28
2014	76.8	23.2	26
2015	77.1	22.9	28
2016	77.8	22.2	28

需要注意的是，中国和日本的钢铁企业生产使用的烧结矿、球团矿、焦炭和铁矿石的品质差异等其他因素也会对吨钢可比能耗产生，但这部分影响很难通过计算分析出来。本节的主要目的是在现有的吨钢可比能耗基础上提出的一种新的比较方法，与吨钢可比能耗指标配合使用，使得出的分析结果尽可能地提供更多

信息。

根据日本钢铁企业的废钢比、生产流程比和中国重点企业生产工序的能耗和钢比/铁比系数，通过式（4-6）～式（4-8），将中国重点钢铁企业 2006～2016 年的吨钢定比能耗计算出来，再通过式（3-2）将数据转换为发电煤耗法下的数据。排除原材料配比、生产结构、电力占比等因素影响后，2006～2016 年中国重点钢铁企业和日本钢铁企业的吨钢定比能耗如图 4-8 所示。

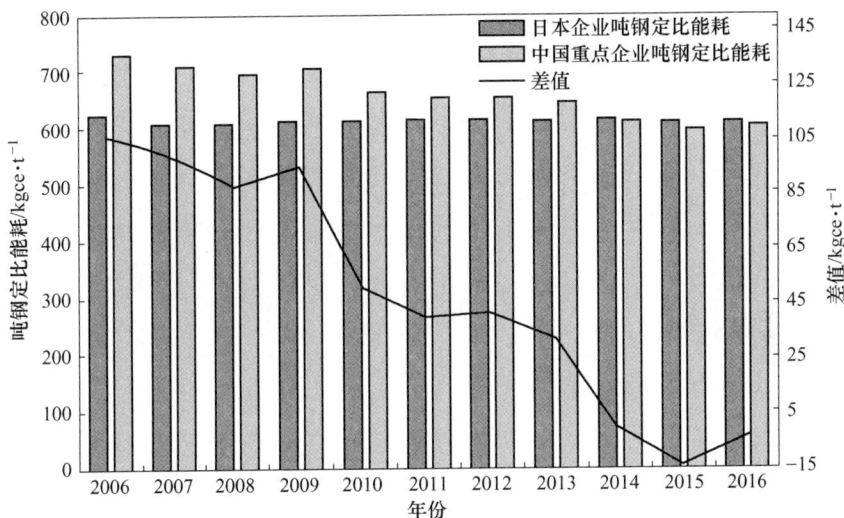

图 4-8　中国重点钢铁企业和日本钢铁企业定比能耗比较

由图 4-8 可以看出，中国重点钢铁企业与日本钢铁企业吨钢定比能耗差距由 2006 年的 105kgce/t 下降到 2016 年的 -4kgce/t。

综合比较中国重点钢铁企业和日本钢铁企业的吨钢定比能耗和吨钢可比能耗后，可以看出：（1）2006～2016 年，中国重点钢铁企业和日本钢铁企业吨钢定比能耗差距由 105kgce/t 下降到 -4kgce/t，降幅达 109kgce/t，说明由于生产技术水平的进步，中国重点钢铁企业与日本钢铁企业技术水平差距缩小非常明显；（2）到2016 年，尽管中国重点钢铁企业吨钢可比能耗比日本高 5.3%，但比较相同原材料配比及相应生产结构及电力比例下的吨钢定比能耗，两者基本持平。说明中国重点钢铁企业与日本钢铁企业吨钢可比能耗差距主要是由于废钢比差异及其对生产结构、能源结构等因素的影响造成的。

4.4.3　发电煤耗对吨钢能耗的影响

本部分进一步分析中国与日本发电煤耗差异对吨钢能耗数据的影响，2006～2016 年中国与日本火电发电煤耗如图 4-9 所示（6MW 以上火电机组）。在前面分析的基础上，增加考虑中国达到与日本相同发电煤耗的情况，通过公式（3-2）

及表 4-9、表 4-12 和表 4-13 中数据，计算出中国重点钢铁企业在日本发电煤耗下的吨钢定比能耗数值，计算结果如图 4-10 所示。

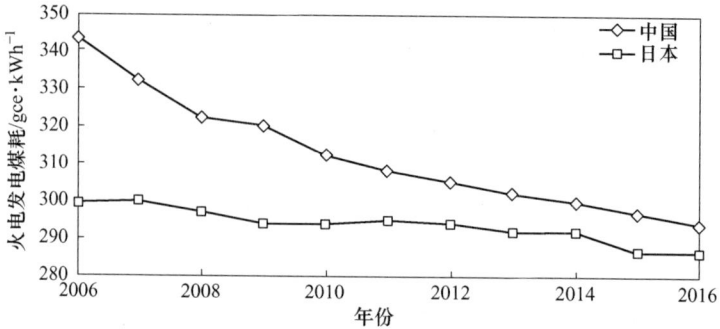

图 4-9　中国和日本火电发电煤耗比较

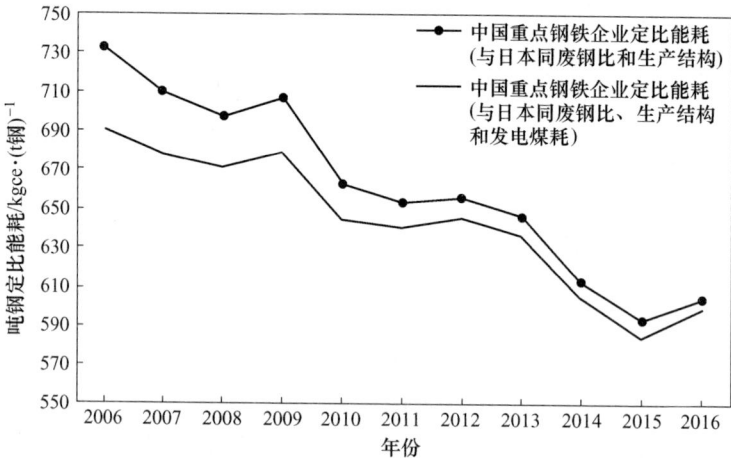

图 4-10　发电煤耗对中国重点钢铁企业定比能耗影响

从图 4-9 和图 4-10 可以看出，2006 年中国与日本火电发电煤耗差距为 44gce/(kW·h)，此时中国如果火电发电煤耗降低到日本的 299gce/(kW·h)，则吨钢定比能耗可下降 44kgce/t，节能潜力明显；到了 2016 年，中国火电发电煤耗与日本差距已缩小到 7gce/(kW·h)，此时火电发电煤耗差距对吨钢定比能耗仍有 5kgce/t 的影响，但影响相对较小。

4.5　本章小结

首先，在分析吨钢可比能耗指标实际应用中的局限性的基础上，提出吨钢定比能耗指标。吨钢定比能耗指标提出的目的是排除生产流程结构和废钢比等因素的作用，针对技术水平差异对钢铁生产能耗的影响进行分析。在使用吨钢可比能耗的基础上，配合使用吨钢定比能耗，不仅能分析不同国家（或地区）钢铁生产能耗差异的大小，还能分析能耗差距的原因，有较强的实际应用价值。

其次，分析了重点钢铁企业 2006~2016 年废钢比对炼铁系统能耗的显著影响，进一步说明了吨钢定比能耗指标提出的意义。与 2006 年相比，2016 年中国重点钢铁企业吨铁能耗下降 73.71kgce/t 铁，降幅达 13.4%，说明炼铁系统技术水平进步明显；但由于 2006~2016 年中国重点企业废钢比不断下降，导致铁钢比持续增加，因此吨钢可比能耗中炼铁系统能耗（生产 1t 钢时炼铁系统的能耗）仅下降 31.13kgce/t 铁，降幅仅为 6.5%；而炼铁系统在吨钢可比能耗中占比则不降反升，由 2006 年的 77.1%上升到 2016 年的 84.1%。由此看出，尽管 2006~2016 年中国重点钢铁企业技术水平不断提高，却不能完全从吨钢可比能耗数据中反映出来。

此外，使用吨钢定比能耗指标分析了 2006~2016 年中国重点钢铁企业能耗水平变化原因。（1）在电热当量法下，2006~2016 年，中国重点钢铁企业由于技术水平进步使吨钢定比能耗下降 111.8kgce/t，降幅为 17.9%；由于重点企业废钢比由 2006 年的 16%下降到 2016 年的 11.2%，使技术水平变化表现在吨钢可比能耗上的降幅有所下降，最终吨钢可比能耗下降 89.0kgce/t，降幅仅为 14.3%。（2）在发电煤耗法下，中国重点钢铁企业 2006~2016 年通过钢铁生产技术水平进步使吨钢定比能耗下降 130kgce/t，降幅 17.8%，在此基础上考虑火电发电水平进步，则吨钢定比能耗下降 150kgce/t，降幅达 20.6%；但由于废钢比由 2006 年的 16.0%下降到 2016 年的 11.2%，对吨钢可比能耗有向上的影响趋势，使能耗下降被部分抵消，在多个因素共同作用下最终吨钢可比能耗下降 89kgce/t，降幅仅为 12.2%。

最后，使用吨钢定比能耗分析了 2006~2016 年中国重点钢铁企业与日本钢铁企业能耗水平差距原因。（1）2006~2016 年，中国重点钢铁企业和日本钢铁企业吨钢定比能耗差距由 105kgce/t 下降到 -4kgce/t，降幅达 109kgce/t，说明中国重点钢铁企业技术水平进步明显，与日本钢铁企业技术水平差距大幅缩小；（2）到 2016 年，中国重点钢铁企业吨钢可比能耗比日本高 5.3%，但比较相同原材料配比及相应生产结构及电力比例下的吨钢定比能耗，两者基本持平，说明目前两者吨钢可比能耗差距的主要原因是废钢比、生产流程结构等因素的差异。

5 钢铁生产中的电力负荷控制和节能潜力分析

峰谷分时电价制度作为一种平衡电网峰、谷负荷波动的方法被许多国家使用，在峰谷分时电价制度下，电网供电被分为峰电段（peak power period，PPP）、平电段（middle power period，MPP）和谷电段（valley power period，VPP），三个时段的电价依次降低。分时电价制度造成工业企业在不同时段内的生产电力成本不同，在峰电时段内的生产电力成本要显著高于谷电段的电力成本；因此，工业企业可以通过实行生产电力负荷控制，降低高电价时段的电力消耗，达到节约生产电力成本的目的。

与此同时，钢铁工业一直是耗电大户，2016年钢铁工业耗电量约占我国工业总耗电量的12%[181]。钢铁企业在生产中根据分时电价控制不同时段内的生产电力负荷，少使用峰电时段的高价电，多使用谷电时段的低价电，不仅能降低自身生产成本；而且由于钢铁工业产量巨大，钢铁工业的电力负荷控制还能起到平衡电网峰、谷负荷波动的效果，帮助缓解电网机组调峰压力，稳定火电调峰机组工作负荷，提升火电调峰机组发电效率，起到节能减排的作用。

本章基于钢铁工业生产情况，提出2种钢铁生产电力负荷控制方法，分析了其为钢铁企业带来的经济效益。在此基础上，通过建立火电调峰机组运行模型，分析了钢铁企业实行电力负荷控制对平衡电网负荷、降低调峰机组发电煤耗和减少污染物排放的效果。

5.1 钢铁企业电力平衡情况

在钢铁工业众多能源消耗中，一般煤炭、天然气等能源的价格在一天内是稳定的，但电的价格在不同时段是不同的，即钢铁企业通过实行生产电力管理，可以节约电力生产成本。钢铁企业生产电力来源主要有两部分，一部分是从电网购入的电，另一部分是钢铁企业自备电厂的自发电。

在钢铁生产能源消耗总量中，用于生产的能耗只占总能耗的30%，其余约70%的能量转换为各种形式的余热和余能，例如副产煤气资源、炉渣显热、产品的余热等，这些余热和余能资源可用于预热物料、产生蒸汽或者在自备电厂发电等[182-184]。

钢铁企业自备电厂自发电占钢铁企业用电量的很大比例，根据《中国钢铁工业年鉴 2017》对部分重点钢铁企业的统计，2016 年重点钢铁企业二次能源发电量占企业总用电量的约 40%，其中 57.9% 来自副产煤气发电，16.4% 来自高炉 TRT（高炉煤气余压透平发电装置）发电，还有 13.2% 和 5.6% 分别来自干熄焦发电和烧结余热发电，其他二次能源发电量占 6.9%[169]，见图 5-1。

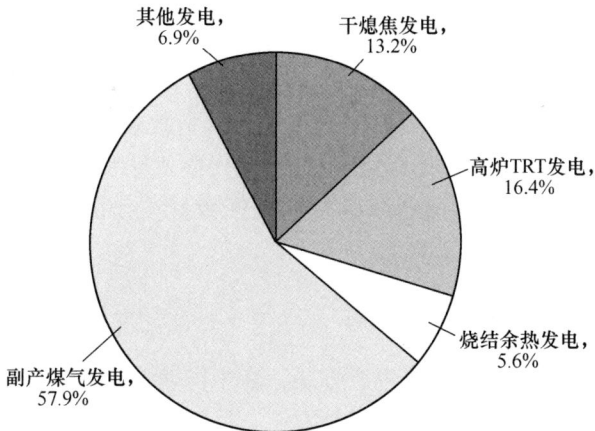

图 5-1　2016 年主要二次能源回收利用技术发电情况

从钢铁企业生产耗电和自发电两个角度分析，本章的钢铁企业电力管理可分为两部分，即钢铁生产工序电力负荷控制和自备电厂自发电量的控制。

（1）钢铁企业生产工序电力负荷控制。根据钢铁企业生产工序运行特点和耗电情况，首先分析并找出适合实行生产电力负荷控制的工序，通过控制不同时段内该工序的生产电力负荷，以多用谷电、少用峰电为目标，调节钢铁企业不同时段内的生产工序的耗电量，达到为钢铁企业节约电力生产成本的目的。

（2）钢铁企业自发电负荷控制，即控制不同时段内自备电厂二次能源的发电量，在谷时段将二次能源进行存储，生产电力需求由购入的电网低价电满足；存储的二次能源在峰电时段集中使用进行发电，减少企业对电网峰电的需求。在钢铁工业的余能、余热资源里，物理余热的使用方式一般为即产即消，不进行存储；而煤气资源是可以进行存储的，且 2016 年重点钢铁企业自发电中大部分是利用副产煤气发电（见图 5-1）。因此，钢铁企业自发电管理部分主要是针对副产煤气资源进行，实行办法是钢铁企业通过使用煤气柜将低电价时段的发电煤气资源进行存储，多用电网的低价电；将存储的发电煤气资源在高电价的峰电时段集中使用进行发电，以减少对高电价峰电的需求，实现节约生产电力成本的目的，此模式称为发电煤气资源的"储能调峰"利用模式。

本章后续部分会分别分析这两种钢铁企业电力负荷控制方法的具体实行方案，及降低企业电力成本和通过平衡电网间接获得的节能减排效果。

5.2 相关工序、发电方式和煤气种类的选择

根据上节提出的两种钢铁企业生产电力负荷管理方法,本节基于重点钢铁企业主要生产工序和自备电厂发电的实际运行情况,分别分析这两种方法的具体实行方案。

在 5.2.1 小节首先分析钢铁生产工序电力负荷控制的具体实行方法,要控制工序电力负荷,首先要分析清楚各生产工序的运行特点及相互的联系,找出适合实行电力负荷控制的工序,才能提出工序电力负荷控制的具体实施方式。5.2.2 小节和 5.2.3 小节对副产煤气"储能调峰"利用模式涉及的发电方式和煤气资源参数进行了分析,目的是找出能适应发电煤气数量波动的发电方式和适合实行"储能调峰"发电模式的煤气类型。

5.2.1 生产工序运行特点及电力负荷

尽管目前世界上有许多钢铁生产方式,在中国普遍被使用的只有两类,即高炉-转炉流程和电炉流程。钢铁生产过程中,生产原材料首先经烧结、球团、焦化等工序加工,进入高炉生产出热铁水,以上工序可统称为炼铁系统。热铁水与不同比例废钢混合,可选择进入电炉或转炉生产为粗钢,这部分是炼钢系统。生产出的粗钢经后续的加工,成为最终的各种产品。2016 年,中国 93.7% 的钢产量由转炉生产,其余 6.3% 产自电炉。本节分别分析钢铁企业炼铁系统、炼钢系统和钢加工系统的生产运行特点,找出适合实行电力负荷控制的生产工序。

(1)炼铁系统。炼铁系统是钢铁生产的核心,而高炉是炼铁系统内反应最复杂、能耗最高的工序,高炉的特点是必须保持稳定生产,除非大修,否则不会休炉。因此,高炉工序生产负荷是刚性的,不能发生变动,所以一般为其提供原材料的工序(烧结、球团和焦化等)也应保持稳定生产[185,186]。因此,钢铁生产工序电力负荷控制暂不考虑在炼铁系统内实行。

(2)炼钢系统。炼钢系统分为转炉和电炉工序,与炼铁系统不同,这两个工序的生产负荷是相对比较容易控制的,而且有明确可行的控制方法[187,188]。例如,想降低某段时间炼钢生产负荷,只需延长电炉或转炉停炉保温时间即可;若要提高某段时间炼钢系统的生产负荷,只需要提高电炉或转炉利用率即可。在全球钢铁产能过剩的大背景下,2016 年我国重点钢铁企业转炉和电炉生产能力利用率分别仅为 81.3% 和 55.2%[169],尚存很大的可利用产能。此外,电炉的控制更为灵活,通过提高电压、预热废钢等方式也可大幅缩短电炉的冶炼周期,提高单位时间内的钢产量[187,188]。

(3)钢加工系统。目前我国重点钢铁企业基本都采用连铸连轧工艺,钢生产出来即进行加工处理,所以一般钢加工的产量是由炼钢系统产量决定的,控制

不同时段内炼钢系统产量，实际也就控制了后续钢加工工序产量。

通过分析可以看出，钢铁生产工序电力负荷控制应主要针对炼钢系统，即转炉和电炉工序。从能耗消耗角度看，2016 年重点钢铁企业各工序能耗和电耗情况见表 5-1。

表 5-1　2016 年重点钢铁企业主要生产工序能耗和电耗情况[169]

能源消耗	炼铁系统			炼钢系统		钢加工
	烧结	球团	高炉	转炉①	电炉	
能耗 /kgce·(t 产品)⁻¹	47.78	26.16	387.75	−12.24	65.90	61.78
电耗 /kW·h(t 产品)⁻¹	45.39	34.50	64.10	50.11	353.05	112.98

①由于转炉工序消耗大量带有高温物理热的热铁水，所以其总能耗为负值。

从表 5-1 可以看出，高炉工序的总能耗是最高的，但单独看电力消耗，电炉工序电力消耗明显高于其他工序。比较炼钢系统内电炉和转炉工序电耗，发现转炉的吨钢电耗仅为电炉的 14%，生产 1t 钢转炉比电炉节约 302.94kW·h 的电。

基于此，本节提出钢铁生产工序电力负荷控制的具体方法，即将高电价的峰、平电段的电炉产量转移到谷电段，而在峰、平电段提转炉炼钢产量，实现电炉和转炉交替生产（此过程不影响炼铁系统工序的生产）。通过此方法，钢铁企业可以控制不同时间段内炼钢系统的电力负荷，实现降低电力生产成本的目的。

5.2.2　自备电厂煤气发电方式

本小节对第二种钢铁生产电力负荷控制方法，即钢铁企业自备电厂发电煤气"储能调峰"利用模式进行分析。为了实行发电煤气资源的"储能调峰"利用模式，钢铁企业自备电厂需要调整不同时段内的发电量，因此首先应选择一种能适应发电煤气数量波动的发电方式。

钢铁企业的自备电厂发电方式通常可分为三类，即纯燃煤气锅炉-蒸汽轮机发电、掺烧煤气燃煤锅炉-蒸汽轮机发电和燃气-蒸汽联合循环发电方式[189]，三种方式的发电煤耗和效率见表 5-2。

表 5-2　钢铁企业自备电厂常见三类煤气发电方式比较

发电容量 /MW	纯烧煤气		掺烧煤气燃煤		CCPP	
	发电煤耗 /kgce·(kW·h)⁻¹	发电效率/%	发电煤耗 /kgce·(kW·h)⁻¹	发电效率/%	发电煤耗/kgce·(kW·h)⁻¹	发电效率/%
25	0.45	27.3	0.44	27.9		
50	0.43	28.9	0.42	29.3	0.293	42

续表 5-2

发电容量 /MW	纯烧煤气		掺烧煤气燃煤		CCPP	
	发电煤耗 /kgce·(kW·h)$^{-1}$	发电效率/%	发电煤耗 /kgce·(kW·h)$^{-1}$	发电效率/%	发电煤耗/kgce·(kW·h)$^{-1}$	发电效率/%
100			0.40	30.7	0.273	45
150			0.35	35.1	0.267	46
300			0.33	37.2	0.256	48
350			0.32	38.4		

纯燃煤气锅炉-蒸汽轮机发电机组锅炉一般容量较小，热效率只有 25%~30%[189]，因此不适合用于煤气"储能调峰"利用模式。

燃气-蒸汽联合循环发电机组有较高的效率，但是这种高效率依赖稳定的煤气供应，在负荷波动的情况下，不能保证稳定的高效率[189]。钢铁企业通常将燃气-蒸汽联合循环发电机组当作"刚性"煤气用户，为之提供稳定的煤气供应[189~192]。所以，这种发电方式也不适合。

掺烧煤气燃煤锅炉-蒸汽轮机发电机组有较大的装机容量，机组效率一般为 35%左右。掺烧煤气燃煤锅炉的燃料以煤为主，煤气为辅，且生产过程中煤气消耗量的波动对机组发电效率无明显的影响[192]。所以这是"储能调峰"煤气利用模式应该采用的发电方式。

掺烧煤气燃煤锅炉-蒸汽轮机发电机组在掺烧 40%高炉煤气的情况下仍可以保持 37.4%的发电效率[192]。在钢铁生产副产煤气资源中，高炉煤气是质量最低的，如果高炉煤气能燃烧的好，其他两种煤气一般就没有问题。在分析中，"储能调峰"煤气利用模式下掺烧煤气燃煤锅炉-蒸汽轮机发电机组的平均发电效率取 35%。

5.2.3 副产品煤气资源相关参数

副产煤气"储能调峰"利用模式的研究对象是钢铁生产的副产品煤气资源，本小节对各类煤气资源的特点进行分析，找出适合实行"储能调峰"利用模式的煤气种类。

钢铁企业的副产煤气资源是指在焦化工序、高炉炼铁工序和转炉炼钢工序生产时产生的副产煤气，三种煤气的主要化学成分、热值和产量情况见表 5-3。

表 5-3 钢铁生产副产品煤气资源[190~192]

煤气类型	主要化学成分	热值 /kJ·m^{-3}	产量 /m^3·t 产品$^{-1}$
高炉煤气（BFG）	CO 占 25%，CO_2 占 20%，其余主要是 N 和少量 H	3000~3800	1400~1800

煤气类型	主要化学成分	热值 /kJ·m^{-3}	产量 /m^3·t 产品$^{-1}$
转炉煤气 （LDG）	CO_2 占 15%~20%，CO 占 60%~70%，其余是 N_2、O_2 和 H_2	7500~8000	80~100
焦炉煤气 （COG）	H_2 占 45%~64%，CH_4 占 20%~30%，CO 占 5%~10%，其余是 CO、CO_2、O_2 和 C_nH_m	16000~19300	400~450

在钢铁生产中，副产煤气的产量、成分、热值等受实际生产情况影响较大，因此，煤气系统经常处于波动状态[192]。煤气柜作为存储煤气的装置，主要用于缓冲由于煤气供需不平衡引起的波动。

从表 5-3 可以看出，高炉煤气产量大，如果要存储高炉煤气需要大量的煤气柜空间，且高炉煤气热值显著低于焦炉煤气和转炉煤气。因此，发电煤气"储能调峰"利用模式主要针对高热值、产量适中的焦炉煤气和转炉煤气，暂不考虑高炉煤气。

5.3 两类调峰机组运行模型

在中国，火电机组占中国电网装机总容量的 70% 以上，是电网调峰的主要机组。为了适应电网峰、谷电段不断变化的需求负荷，调峰机组经常需要在低负荷下工作甚至关停，这对发电机组的效率、经济性、寿命和安全性均产生负面影响。

对钢铁企业而言，钢铁生产电力负荷管理可以节约生产电力成本；对电网而言，钢铁企业的电力负荷管理可以平衡电网峰、谷负荷波动。电力系统峰电段和非峰电段的负荷变化将直接影响供电机组的运行情况，当电网峰、谷电段负荷差减小后，部分调峰机组可以不需要频繁变化工作负荷或实行启、停操作，这些机组可以稳定工作在效率最高的额定负荷，节约大量的发电煤耗。

本节通过建立火电调峰机组运行模型，分析中国钢铁企业实行生产电力负荷管理对火电调峰机组节煤和污染物减排的贡献。火电调峰机组一般分为两类：（1）"低负荷"调峰机组。这类调峰机组通过改变工作负荷控制不同时段的发电量，但火电机组在低负荷模式下工作会降低机组效率，提升发电煤耗。（2）"两班制"调峰机组。这类调峰机组通过对机组实行启、停操作实现发电负荷变化，使用这种方式的一般都是小型、高能耗机组。在调峰机组运行模型中，"低负荷"模式调峰机组和"两班制"模式调峰机组的运行情况都被考虑（图 5-2），具体说明见 5.3.1 小节和 5.3.2 小节。

模型分两部分计算平衡电网后调峰机组的节煤量和污染物减排量：电网峰负荷降低和谷负荷提升。由于电网负荷平衡后调峰机组可转换为稳定运行的基负荷机组，此时如果使用先进的大型发电机组（比如1000MW机组）替换现有调峰机组，不仅符合我国发电机组大型化的发展方向，而且能获得更好节能减排效果。因此，平衡电网后的调峰机组的运行情况变化将按2种情况考虑：（1）转换为基负荷机组，可达到现有机组的最高发电效率；（2）被新的大型机组替换，可达到目前先进机组的发电效率。

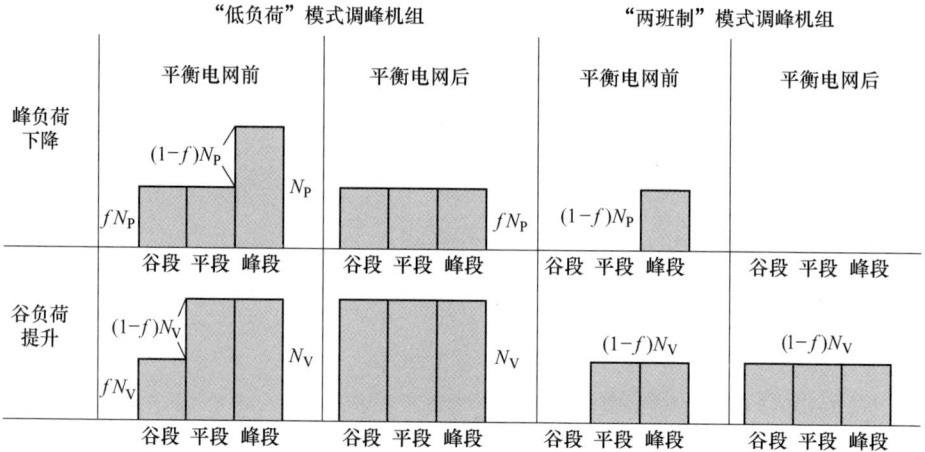

图 5-2 两类火电调峰机组运行模型

5.3.1 "低负荷"模式调峰机组运行模型

"低负荷"模式调峰机组根据电网负荷变化调节自身工作负荷，本小节根据"低负荷"火电调峰机组不同时段的运行工况，分谷负荷提升和峰负荷下降两部分，分别建立电网负荷平衡后"低负荷"模式调峰机组的节能减排效果分析模型。

5.3.1.1 日谷负荷提升节煤量

如图 5-2 所示，平衡电网前，电网在谷电段发电负荷降低，部分"低负荷"模式调峰机组在电网谷电段运行在最低工作负荷（通常是最低不加油稳燃负荷），在峰电段和平电段工作在额定负荷。电网的谷电段负荷提升后，一些机组不需要在低负荷工作，因此，它们可转换为稳定工作的基负荷机组，或被发电效率更高的新机组替换。此外，调峰机组变为稳定工作的机组后，供电机组的厂用电率也会下降，这也是节约发电煤耗的另一个原因。在考虑调峰机组被新机组替换的情况时，电网谷负荷上升后节煤量 B_1 可根据式（5-1）计算（当考虑调峰机组转换为基负荷机组时，将 b_{New} 替换为 b_R）：

$$B_1 = \left[(24 - T_V)N_V b_R + f N_V T_V b_L \right](1 + F_L) - 24 N_V b_{New}(1 + F_B) \quad (5-1)$$

式中 B_1——电网谷电段供电负荷提升后，"低负荷"模式调峰机组在谷电段运行的节煤量，tce；

T_V——一天内谷电段的时间长度，h；

N_V——谷电段受影响机组的总额定负荷，MW；

f——"低负荷"调峰机组的低负荷率，%；

b_R——"低负荷"调峰机组在额定负荷时的发电煤耗，gce/(kW·h)；

b_L——"低负荷"调峰机组在低负荷时的发电煤耗，gce/(kW·h)；

b_{New}——新机组在额定负荷时的发电煤耗，gce/(kW·h)；

F_L——调峰机组在低负荷时的厂用电率，%；

F_B——调峰机组在基负荷时的厂用电率，%。

5.3.1.2 日峰负荷降低节煤量

如图5-2所示，平衡电网前，"低负荷"模式调峰机组在峰电段运行在额定负荷；在非峰电段，电网负荷较峰电段降低，"低负荷"调峰机组运行在低负荷。当电网峰电段负荷下降后，调峰机组不需要根据电网峰电段和非峰段负荷变化调节工作负荷，可稳定工作在额定负荷，提升发电效率，并降低厂用电率；如果被先进的新发电机组替换，则可获得更好的节能减排效果。考虑调峰机组被新机组替换的情况下，电网峰负荷下降后节煤量 B_2 计算方法见式（5-2）（分析调峰机组转换为基负荷机组的情况时，将 b_{New} 替换为 b_R）：

$$B_2 = [(24 - T_P)fN_Pb_L + N_PT_Pb_R](1 + F_L) - 24fN_Pb_{New}(1 + F_B) \quad (5-2)$$

式中 B_2——"低负荷"调峰机组在峰电段的节煤量，tce；

T_P——一天内峰电段的时间长度，h；

N_P——峰电段受影响机组的额定负荷总量，MW。

5.3.2 "两班制"模式调峰机组运行模型

"两班制"模式调峰机组指的是通过实行启、停操作控制发电负荷的调峰机组，一般是200MW以下的小型机组，这类调峰机组在电力需求负荷较低时关停，在电力需求负荷较高时开启。根据"两班制"火电调峰机组不同时段的运行工况，分谷电负荷提升和峰电负荷下降两部分分别建立电网负荷平衡后"两班制"模式调峰机组的节能减排计算模型。

5.3.2.1 日谷负荷提升节煤量

如图5-2所示，电网平衡前，部分"两班制"调峰机组在峰、平电段开启，在电网谷电段关停。当电网谷负荷上升后，"两班制"模式调峰机组可稳定工作在额定负荷，或被先进的新机组替代。

平衡电网后,"两班制"调峰机组的能耗变化除了发电煤耗变化外,还体现在节约了机组的启、停操作煤耗,因为"两班制"机组每次的启停操作都有一定的能耗,在平衡电网后,这部分能量也是节能的一部分。在计算"两班制"机组被新机组替换的情况下,日节煤量 B_3 通过式(5-3)计算(当考虑"两班制"机组转换为基负荷机组时, b_{New} 被替换为 b_t):

$$B_3 = (24 - T_V)(1 - f)N_V b_t(1 + F_t) + nd(1 - f)N_V - 24(1 - f)N_V b_{New}(1 + F_B)$$

$$(5-3)$$

式中　B_3——"两班制"调峰机组在谷负荷提升后的日节煤量,tce;

　　　F_t——"两班制"调峰机组的厂用电率,%;

　　　b_t——"两班制"调峰机组的发电煤耗,gce/(kW·h);

　　　n——"两班制"调峰机组实行启、停操作的次数,无量纲;

　　　d——"两班制"调峰机组单位 kW 启停操作的煤耗,gce/kW。

5.3.2.2　日峰负荷降低节煤量

在电网峰电段,部分"两班制"模式调峰机组开启发电;在电网非峰电段,这些机组关停。在峰负荷降低后,这部分运行在峰负荷的"两班制"机组不用运行,这些机组的日峰负荷降低节煤量可由式(5-4)计算:

$$B_4 = T_P(1 - f)N_P b_t(1 + F_t) + nd(1 - f)N_P \qquad (5-4)$$

式中　B_4——"两班制"调峰机组在峰负荷时段的日节煤量,tce。

5.3.3　调峰机组运行能耗及排放参数

中国目前现役发电机组主要是 200/300/600/1000MW 机组,其中 1000MW 机组是大型的发电机组,一般不参与电网调峰。200/300MW 及以下机组是参与电网调峰的主要机组,这部分机组多数已经服役多年。200/300MW 机组一般是以"低负荷"模式进行调峰,在做稳燃改造之后,其最低不加油稳燃负荷可达到50%;采用启、停模式调峰的机组一般是 200MW 以下的小型发电机组[193-197]。

在分析污染物排放变化时,根据模型中调峰机组不同时段发电负荷变化和污染物排放参数,主要针对 SO_2 和 NO_x 进行分析。2016 年,我国有脱硫、脱硝装置的机组占火电总装机容量的比例分别为 80.5% 和 82%[198],仍有部分机组没有脱硫和脱销装置。在计算中,认为新增的大型发电机组(1000MW)发电机组既有脱硝装置,又有脱硝装置;"低负荷"机组也有脱硫装置和脱硝装置,"两班制"模式调峰机组多数是小容量的高能耗、高排放机组,没有脱硫或脱硝装置,各类调峰机组运行参数见表 5-4。

表 5-4 相关机组运行参数[193-197]

机组类型	额定负荷发电煤耗 $b_R/gce \cdot (kW \cdot h)^{-1}$	低负荷时的发电煤耗 $b_L/gce \cdot (kW \cdot h)^{-1}$	SO_2 排放参数 $/g \cdot (kW \cdot h)^{-1}$	NO_x 排放参数 $/g \cdot (kW \cdot h)^{-1}$
"两班制"调峰机组	358	—	7.12	4.27
"低负荷"调峰机组	333	369	0.28	0.60
新机组	293	—	0.14	0.25

中国的调峰机组主要是 200/300MW 机组，因此"低负荷"模式调峰机组参数以 300MW 机组为参考，其最低稳燃负荷 f 一般是额定负荷的 50%，发电煤耗和污染物排放数据见表 5-4。"两班制"调峰机组主要是 200MW 以下的小机组，发电煤耗和污染物排放以 200MW 机组作为参考。"两班制"机组单位千瓦容量实行启、停操作的煤耗为是 1200gce/kW，各类调峰机组的厂用电率 F_L、F_B 和 F_t 分别为 0.07、0.055 和 0.09[193~197]，T_P 和 T_V 都为 8h。根据以上参数，通过调峰机组运行模型可计算出电网峰、谷负荷变化后调峰机组的节能减排效果。

5.4 生产工序电力负荷控制效果分析

基于本章 5.1 节提出的两种钢铁生产电力负荷管理方法，本节首先对第一种方法进行分析，即钢铁生产中的工序电力负荷控制，包括具体实行方案及其为钢铁企业节约的电力成本和通过平衡电网获得的节能减排的效果。

根据 5.2.1 小节的分析，钢铁生产工序电力负荷控制主要针对炼钢系统内的电炉和转炉工序进行。具体方法是将峰、平电段的电炉生产负荷转移到谷电段，而为了不影响炼铁系统的正常生产，峰、平时段原本被电炉消耗的铁水由转炉消耗（为了不影响转炉工况，为这部分铁水掺加废钢，达到现有转炉炼钢废钢比后进入转炉生产），实现降低峰、平电段生产电力消耗的目的；在谷电段，使用电网的低价电，将峰、平电段剩余的大量废钢资源在电炉内集中消耗。

实行此方法后，钢铁企业可以节约电力生产成本，还可以平衡电网峰、谷负荷，起到降低调峰火电机组发电煤耗和污染物排放的作用。

5.4.1 炼钢系统内废钢与热铁水的平衡关系

2016 年中国 93.7% 的钢产量由转炉生产，其余 6.3% 由电炉生产。一般情况下，高炉-转炉流程原材料中 70% 以上为铁矿石，铁矿石通过炼铁系统加工成铁水，与少量废钢一起进入转炉炼钢；而电炉流程原材料 70% 以上为废钢，与部分铁水一起进入电炉炼钢[10]。但是在中国，由于 2016 年钢铁生产废钢比只有

11.2%[60]，因此造成两类流程生产原材料均以铁水为主，而废钢的比例明显偏低。2016 年重点企业转炉炼钢的废钢比为 5.8%，电炉流程废钢比仅为38.6%[169]，实际上电炉在中国被"转炉化"使用。

2016 年重点企业电炉钢产量为 3084 万吨[169]，在钢铁生产中，一般认为 1t 废钢可以炼成 1t 钢[61]。基于此，根据转炉和电炉工序的生产废钢比，其中38.6% 来自废钢，其余 61.4% 来自铁水。在不实行钢铁生产电力负荷控制的情况下，这些钢的产量在峰、平、谷段是相等的（表5-5）。

表 5-5   不实行电力负荷控制时电炉中铁水和废钢消耗情况   （万吨）

工序	生产参数	峰电段	平电段	谷电段	合计
电炉 （$SR=38.6\%$）	产量	1028	1028	1028	3084
	产自铁水	631	631	631	1893
	产自废钢	397	397	397	1191

实行钢铁生产工序电力负荷控制后，原本应在峰、平电段的被电炉（废钢比38.6%）消耗的铁水将由转炉（废钢比 5.8%）消耗，为了不影响转炉的生产工艺，为这部分铁水搭配废钢使转炉废钢比仍保持在 5.8%，由于转炉生产废钢比低于电炉生产的废钢比，所以峰、平电段会剩余部分废钢资源。为保持整体钢铁生产废钢比不变，这部分废钢将在低电价的谷电段由电炉集中消耗，由于谷电段铁水供应不变，电炉废钢比会上升。

在实行钢铁生产工序电力负荷控制后，谷电段电炉产量上升，这需要有足够的生产能力提供支持。2016 年，中国重点钢铁企业电炉年生产能力为 5139 万吨，电炉产能利用率仅为 55.2%[169]，存在很大的可利用生产能力；且电炉控制操作相对灵活，电炉冶炼周期可以通过提高输入电功率、预热废钢和增加用氧量等方式大幅缩短[187]，这些都为增加谷电段电炉产量提供了有力保证。

5.4.2 企业耗电量、自发电量和电炉运行参数的变化

在确定钢铁生产电力负荷控制模式下废钢和铁水的调度方法后，需要分析该模式对不同时段钢铁企业耗电量的影响。

（1）峰、平电段耗电量下降。实行钢铁生产工序电力负荷控制后，钢铁企业峰、平电段的电炉产量转移到转炉生产，由于目前转炉中热铁水比例约为 94%（热铁水含有大量高温物理热），所以转炉的生产能耗、电耗都远低于电炉，因此会降低大量峰、平电段的能耗和电耗，并剩余大量废钢资源。

此外，后续钢加工工序的产量也随钢产量变化而变化，因此峰、平电段的钢加工工序产量也会下降，这部分耗电量的变化根据炼钢和钢加工系统产量变化和

工序电耗（表5-1内数据）计算。

（2）谷电段电炉能耗、电耗增加。在峰、平电段剩余的废钢资源在谷电段由电炉集中消耗，此时消耗的是电网谷电段的低价电。由于废钢从加热到融化需要大量能量，因此废钢比上升会导致电炉工序能耗和电耗增加，这实际上是对峰、平电段节约能量的补偿。钢铁生产中，一般电炉中配加铁水量每增加或减小1%，其电耗相应减少或增加 $4.66kW \cdot h/t$ [199]。

（3）峰电、平电段二次能源发电量增加。钢铁生产工序电力负荷控制模式下，峰、平段电炉产量转移到转炉生产，而转炉生产会产生转炉煤气。一般来说，钢铁企业 50%～80% 的煤气资源被用来加热，其余 20%～50% 用于发电[190-192]。因此，这部分煤气资源的发电量也应考虑，取平均值 35% 作为发电煤气比例，转炉煤气热值平均为 $7750kJ/m^3$，按钢铁企业自备电厂中掺烧煤气发电机组效率 35% 计算这部分煤气资源的发电量。

5.4.3 电力负荷变化及经济效益分析

首先根据重点钢铁企业 2016 年电炉生产数据，对钢铁生产工序电力负荷控制模式下铁水与废钢进行重新调度。调度的目的是使峰、平电段内电炉钢产量最大程度降低，以减少耗电量。此时原本应被电炉消耗的铁水转移到转炉消耗，并剩余大量废钢资源；这部分废钢资源被电炉在谷电段集中使用。调度中需要注意三点：（1）峰、平、谷各时段内铁水消耗量不能发生变化，使炼铁系统不受影响；（2）峰、平、谷电时段内废钢消耗可以变化，但其总量需保持不变；（3）峰、平电段转移到转炉生产的铁水仍按目前转炉生产废钢比 5.8% 搭配废钢，以免影响现有转炉生产工艺。废钢和铁水调度结果见表 5-6。

由表 5-6 中结果可以看出，钢铁生产电力负荷控制模式下，峰、平电段电炉钢产量下降到 0（保温模式），原本应在峰、平电段的被电炉（废钢比 38.6%）消耗的铁水将被转炉（废钢比 5.8%）消耗，使峰、平电段的转炉产量上升 670 万吨，此时峰、平电段会剩余共 716 万吨废钢。为保持整体废钢比不变，这部分废钢在低电价的谷电段被电炉集中消耗，由于谷电段铁水供应不变，谷电段废钢比上升到 63.8%，电炉产量上升到 1744 万吨。

从整体上看，实行工序电力负荷控制模式后，重点企业电炉产量下降 1340 万吨，但电炉生产废钢比由 38.6% 上升到 63.8%；转炉产量上升 1340 万吨，占转炉总产量的 2%，以现有转炉产能完全可以实现。

根据 5.4.2 小节叙述，炼钢废钢比的上升会导致热铁水比例下降，因此电炉废钢比上升后，炼钢电耗和能耗会上升，一般电炉中配加铁水量每增加或减小1%，其电耗相应减少或增加 $4.66kW \cdot h/t$ [199]。当电炉炼钢废钢比由 38.6% 上升到 63.8% 后，电炉吨钢电耗将从 $353.05kW \cdot h/t$ 上升到 $470.48kW \cdot h/t$。

表 5-6   生产电力负荷控制模式下铁水和废钢调度   （万吨）

生产模式	工　序	生产参数		峰电段	平电段	谷电段	合计
正常利用模式	电炉 （$SR=38.6\%$）	产量		1028	1028	1028	3084
		其中	产自铁水	631	631	631	1893
			产自废钢	397	397	397	1191
电力负荷 控制模式	电炉（$SR=63.8\%$）	产量		0	0	1744	1744
		其中	产自铁水	0	0	631	631
			产自废钢	0	0	1113	1113
	转炉（$SR=5.8\%$）	产量		670	670	0	1340
		其中	产自铁水	631	631	0	1262
			产自废钢	39	39	0	78
平衡关系	铁水消耗变化			0	0	0	0
	废钢消耗变化			−358	−358	+716	0
	电炉产量变化			−1028	−1028	+716	−1340
	转炉产量变化			+670	+670	0	+1340
	总钢产量变化			−358	−358	+716	0

　　此外，重点钢铁企业实行工序电力负荷控制模式后，转炉产量在峰、平电段均上升 670 万吨，其副产煤气发电量也会影响电耗。根据前面分析，转炉炼钢吨钢煤气产量 90m³/t，转炉煤气平均热值是 7750kJ/m³，平均 35% 的转炉煤气产量用于发电，发电效率 35%，则由于转炉钢产量上升，峰、平电段重点钢铁企业自备电厂发电量均上升约 1.6 亿千瓦·时。

　　综合考虑了电炉和转炉产量变化、电炉炼钢电耗变化、副产煤气发电变化等因素影响后的计算结果见表 5-7，其中生产电耗包括转炉、电炉生产电耗和后续钢加工电耗。

表 5-7   重点钢铁企业电力消耗变化   （亿千瓦·时）

电耗情况		峰电段	平电段	谷电段
正常情况模式生产电耗		47.9	47.9	47.9
钢铁生产电力 负荷控制模式	生产电耗	10.9	10.9	101.8
	二次能源发电	1.6	1.6	0
生产电耗量变化		−38.6	−38.6	+53.9

　　由表 5-7 可以看出，钢铁生产工序电力负荷控制使重点钢铁企业峰、平电段电力需求下降 38.6 亿千瓦·时，谷电段电力需求上升 53.9 亿千瓦·时。以河北

南部大工业电价为例（峰、平、谷段电价分别为 0.8458 元/(kW·h)、0.5436 元/(kW·h)、0.3422 元/(kW·h))[46]，钢铁生产工序电力负荷控制模式一年可为重点钢铁企业节约电力成本 35.2 亿元。

5.4.4 调峰机组节能减排效果分析

钢铁工业实行生产工序电力负荷控制后，除了可节约自身生产电力成本，还可起到平衡电网峰、谷负荷波动的作用。电网负荷平衡后，受影响的调峰机组不需要随电网波动而频繁地变换工作负荷，可转换为稳定工作的基负荷机组或被新机组替换，提升发电效率，降低发电煤耗和污染物排放。

根据表 5-7 中重点钢铁企业峰、平、谷电段耗电量变化，以一年 365 天，每天峰、平、谷电段各 8h 计算，重点钢铁企业实行生产工序电力负荷控制后，全年峰、平电段电力需求负荷下降 132 万千瓦，谷电段电力需求负荷上升 185 万千瓦（图 5-3）。

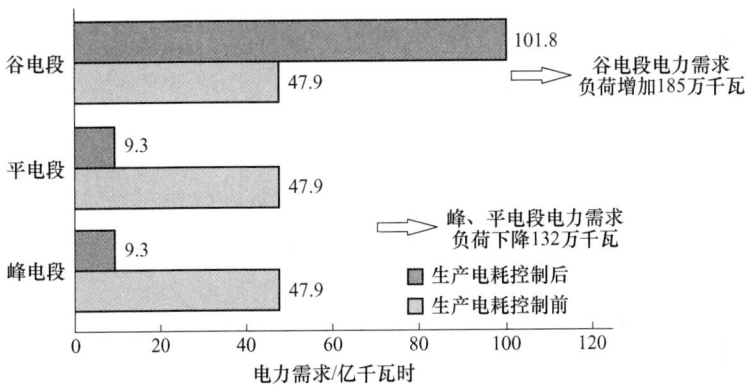

图 5-3　重点企业电网电力需求变化

确定了电网各时段内电力负荷变化后，使用本章 5.3 节建立的两类火电调峰机组运行模型（"低负荷"模式调峰机组和"两班制"模式调峰机组），根据式（5-1）~式（5-4）和表 5-4 内的各类机组运行参数，计算出电网峰、谷段负荷变化对调峰机发电煤耗和污染物排放的影响；平电段负荷变化不直接影响调峰机组运行（一般由基负荷机组供应），因此这部分负荷变化造成的发电煤耗和污染物排放变化只需根据发电量变化和基负荷机组（以 1000MW 机组为例）的运行参数计算即可。

调峰机组发电煤耗降低量计算结果见表 5-8，在保持现有调峰机组不变的情况下，电网峰、谷负荷平衡后火电调峰机组可降低发电煤耗 1.31~2.12Mtce，占 2016 年钢铁工业煤耗总量的 0.4%~0.7%。如果使用大型的 1000MW 火电机组替换这部分受影响的调峰机组，不仅符合我国发电机组大型化的"抓大放小"政策，调峰机组发电煤耗节约量可进一步上升到 3.16~3.21Mtce，占 2016 年中国钢铁工业煤耗总量的 1.0%~1.1%。

表5-8 两类调峰机组节能效果

机组类型	影响方式	节煤量/Mtce				占2016年中国钢铁工业煤耗比重/%
		谷段	峰段	平段	合计	
"低负荷"调峰机组	被1000MW新机组替换	-0.19	2.22	1.13	3.16	1.0
	转换为基负荷机组	-1.55	1.73	1.13	1.31	0.4
"两班制"调峰机组	被1000MW新机组替换	0	2.08	1.13	3.21	1.1
	转换为基负荷机组	-1.09	2.08	1.13	2.12	0.7

此外，由于新机组的污染物排放低于调峰机组（特别是对于没有脱硫或脱硝装置的小型"两班制"调峰机组），使用新机组替换现有调峰机组还可以获得污染物减排的效果（表5-9）。

从表5-9 数据可以看出，如果采用 1000MW 机组替代受影响"低负荷"模式调峰机组，年 SO_2 和 NO_x 减排量分别为 6.7kt 和 16.6kt，占 2016 年钢铁工业 SO_2 和 NO_x 排放量的 1.1% 和 3.3%；如果采用 1000MW 机组替代受影响的高能耗、高排放的"两班制"模式调峰机组，年 SO_2 和 NO_x 减排量分别为 111.9kt 和 62.10kt，占 2016 年钢铁工业 SO_2 和 NO_x 排放量的 17.5% 和 12.4%，减排效果非常显著。

表5-9 两类调峰机组污染物减排效果

机组类型	影响方式	污染物减排量/占钢铁工业排放总量比例			
		SO_2		NO_x	
		(kt)	(%)	(kt)	(%)
"低负荷"调峰机组	被1000MW新机组替换	6.7	1.1	16.6	3.3
"两班制"调峰机组[1]	被1000MW新机组替换	111.9	17.5	62.1	12.4

①由于小型"两班制"调峰机组没有脱硫或脱硝装置，因此使用新机组替换这部分调峰机组获得的污染物减排效益非常显著。

基于以上分析可以看出，重点钢铁企业实行生产工序电力负荷控制后，在节约钢铁企业生产电力成本的基础上，还可以通过平衡电网获得显著的节能减排效果。

5.5 发电煤气 "储能调峰" 利用模式效果分析

在 5.4 节分析了钢铁生产工序电力负荷控制的具体实施方法和通过平衡电网获得的节能减排效果后，本节对第二种钢铁企业电力负荷控制方法进行分析，即发电煤气资源 "储能调峰" 利用模式。

在发电煤气资源 "储能调峰" 利用模式下，钢铁企业通过使用煤气柜在非峰电段的 16h 内收集并存储本应用于发电的焦炉煤气和转炉煤气（由于高炉煤气产量大、热值低，因此本模式暂不涉及高炉煤气），此时自备电厂发电量的下降通过购买电网低价电补偿；在峰电段将存储的煤气资源集中使用进行发电，以减少对峰时段电网高价电的需求。通过实行此模式，钢铁企业可使用更多的电网非峰电段的低价电，减少使用电网峰段的高价电，实现节约电力生产成本的目的。

除此之外，本节还分析了钢铁企业实行发电煤气资源 "储能调峰" 利用模式对电网调峰机组运行情况的影响，使用本章 5.3 节建立的火电调峰机组运行模型，计算发电煤气 "储能调峰" 利用模式通过平衡电网获得的节能减排的效益。

5.5.1 不同时段自备电厂发电煤气量

在评估 "储能调峰" 煤气利用模式的效果之前，首先应确定该模式涉及的副产煤气的数量。在钢铁生产中，不同规模的钢铁企业内用于自备电厂发电的煤气比例是存在区别的[200]（表 5-10）。需要注意的是，表 5-10 中的比例数据，不包括燃气-蒸汽联合循环发电机组内消耗的煤气，因为燃气-蒸汽联合循环发电机组是 "刚性" 煤气用户，需要稳定的煤气供应量，不能参与发电负荷控制。

表 5-10   不同规模钢铁企业自备电厂内副产煤气消耗比例   （%）

煤气类型	年产 8Mt 企业	年产 2.8Mt 企业	年产 1.4Mt 企业
高炉煤气	39	40	35
转炉煤气	19	31	59
焦炉煤气	12	17	29

为了分析重点钢铁企业自备电厂内煤气消耗数量，首先需要根据粗钢产量对重点钢铁企业进行分类。表 5-10 所示的三种企业规模分别为 8Mt、2.8Mt 和 1.4Mt，取两类企业产量中间值作为节点，将重点钢铁企业分为 3 类，以估算各类企业发电煤气资源数量：（1）年产量 6Mt 及以上的重点钢铁企业；（2）年产量在 2~6Mt 之间的重点钢铁企业；（3）年产量 2Mt 及以下的重点钢铁企业（表5-11）。

根据 2016 年中国重点钢铁企业粗钢产量数据[201]，分别计算出三类钢铁企业的粗钢产量。再根据重点钢铁企业焦化、高炉、转炉工序的钢比系数，确定焦炭、生铁和转炉钢产量与总钢产量关系，进而根据三类钢铁企业的总钢产量分别计算出其的焦炭、铁和转炉钢产量（表 5-11）。

根据中国重点钢铁企业生产中各类副产煤气产量的平均值，生产 1t 转炉钢平均产生 90m³ 的转炉煤气，生产 1t 铁平均产生 1600m³ 的高炉煤气，生产 1t 焦炭平均产生 425m³ 的焦炉煤气[190,191]。基于此，三类钢铁企业的转炉煤气、焦炉煤气、高炉煤气的产量可根据其转炉钢、焦炭、生铁的产量计算出来。

表 5-11 2016 年重点钢铁企业生铁、转炉钢和焦炭产量　　　　（Mt）

产品种类	年产量 6Mt 及以上的重点钢铁企业	年产量在 2~6Mt 之间的重点钢铁企业	年产量 2Mt 及以下的重点钢铁企业
钢产量	525.2	99.1	41.6
转炉钢	500.5	94.4	39.6
生铁	495.8	93.6	39.3
焦炭	100.8	19.0	8.0

5.5.2 案例企业效果分析

对钢铁企业而言，一定要有实际的经济效益，企业才有积极性去实行"储能调峰"煤气使用模式。因此在分析发电煤气"储能调峰"利用模式整体效果前，先以某案例钢铁企业为例，分析发电煤气"储能调峰"利用模式对该企业生产电力成本的影响。

以河北省一个年产 1000 万吨粗钢的钢铁企业为例进行分析。该钢铁企业生产过程中高炉煤气、焦炉煤气和转炉煤气产量、用于发电量和煤气柜情况见表 5-12,其中用于发电的煤气量是保证焦化、炼钢、热轧等煤气需求单位正常生产情况下自备电厂消耗的煤气数量。

表 5-12 案例钢铁企业发电煤气及煤气柜情况

煤气类型	煤气产量 /万立方米·h⁻¹	发电煤气量① /万立方米·h⁻¹	煤气柜情况	
			数量	容量/万立方米
高炉煤气	108.5	43.6	1	20
焦炉煤气	9.4	0.9	1	10
转炉煤气	11.3	2.8	2	10 和 15

①用于发电煤气量是保证该企业正常生产情况下的自备电厂煤气消耗量。

从表5-12可以看出，在正常生产的情况下，该企业自备电厂中消耗的焦炉煤气量、高炉煤气量和转炉煤气量分别为9000m³/h、436000m³/h和28000m³/h。如果该企业对自备电厂中消耗的发电煤气资源采取"储能调峰"利用模式，则需要对平、谷电时段的焦炉煤气和转炉煤气在煤气柜中进行存储，存储的煤气在峰电段集中使用进行发电，发电效率是该厂掺烧煤气燃煤锅炉-蒸汽轮机发电机组的平均效率37.5%。

经计算，在平、谷电段该企业需要存储焦炉煤气和转炉煤气共592000m³，该企业有一个200000m³的高炉煤气柜、一个100000m³的焦炉煤气柜和两个转炉煤气柜（100000m³和150000m³），煤气柜总容量550000m³。为了实行发电煤气资源"储能调峰"运行模式，该企业还需购进一个100000m³的煤气柜存储发电煤气。购进该煤气柜总投资约为1600万元，工程费120万元，年维护费用25万元[202]。

根据实行发电煤气资源"储能调峰"利用模式前后不同时段发电煤气量的变化，结合该企业自备电厂发电效率，计算出该企业自备电厂中煤气资源发电量的变化，如图5-4所示。可以看出，实行电煤气资源"储能调峰"利用模式后，该企业日峰电段自备电厂发电量上升60万千瓦·时，可少购买相应数量的峰电段高价电；平、谷电段该企业自备电厂中煤气发电量下降30万千瓦·时，需多购买相应的电网电。

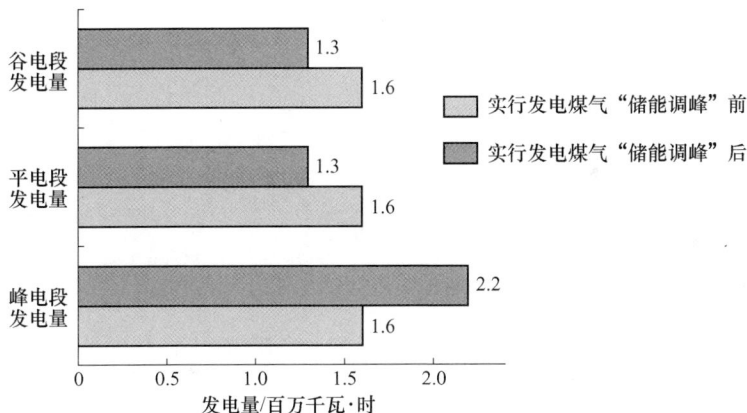

图5-4 案例企业煤气资源发电量变化

该企业所在地区峰电段、平电段和谷电段的电网工业电价分别是0.76元/（kW·h）、0.52元/（kW·h）和0.27元/（kW·h）。根据不同时段自发电情况变化，该企业实行发电煤气资源"储能调峰"运行模式后，日节约电力生产成本22万元，年节约电力生产成本8030万元，前期购买煤气柜投资款的回报周期不到3个月[203]。因此，发电煤气"储能调峰"利用模式对钢铁企业而言，是一种有效的节约生产电力成本的方法。

5.5.3 自备电厂各时段自发电量变化

通过上一小节对案例企业的分析,可以看出发电煤气"储能调峰"利用模式是可以为企业节约大量电力生产成本的,且投资回报周期短,因此钢铁企业应该积极实行此模式。

本小节计算重点钢铁企业实行发电煤气"储能调峰"利用模式的经济效益。首先,根据重点钢铁企业 2016 年的生铁、转炉钢和焦炭产量(表 5-11),以及不同规模钢铁企业自备电厂发电煤气消耗情况(表 5-10),计算出 2016 年重点钢铁企业自备电厂内各类煤气消耗总量(表 5-13)。

表 5-13   2016 年重点钢铁企业自备电厂内煤气消耗情况

企业规模	产量及用途	高炉煤气	焦炉煤气	转炉煤气
年产量大于 6Mt 的企业	产量/亿 m^3	7933	428	451
	发电比例/%	39	12	19
年产量在 2~6Mt 之间的企业	产量/亿 m^3	1498	81	85
	发电比例/%	40	17	31
年产量 2Mt 以下的企业	产量/亿 m^3	629	34	36
	发电比例/%	35	29	59
用于发电煤气总量/亿 m^3		3913	75	133

由表 5-13 可见,2016 年大约有 3913 亿立方米的高炉煤气、75 亿立方米的焦炉煤气和 133 亿立方米的转炉煤气在重点钢铁企业的自备电厂内消耗用于发电。在确定了用于发电的煤气资源数量后,就可以评估发电煤气资源"储能调峰"利用模式的效果。根据表 5-13 中煤气产量数据,结合各类煤气平均热值(高炉煤气、转炉煤气和焦炉煤气的热值一般分别为 3500kJ/m^3,7750kJ/m^3 和 17650kJ/m^3)和发电效率(取掺烧煤气燃煤锅炉-蒸汽轮机发电机组效率 35%),计算出重点钢铁企业实行发电煤气资源"储能调峰"前后的发电量变化(图 5-5)。

如图 5-5 所示,重点钢铁企业实行发电煤气资源"储能调峰"运行模式后,全年在电网峰电段自发电量升高 152.6 亿千瓦·时,在非峰电段发电量下降 76.3 亿千瓦·时。以河北南部大工业电价为例(峰、平、谷段电价分别为 0.8458 元/(kW·h)、0.5436 元/(kW·h)、0.3422 元/(kW·h))[46],发电煤气资源"储能调峰"利用模式可为重点钢铁企业节约电力生产成本约 61 亿元。

5.5.4 调峰机组节能减排效果分析

根据重点钢铁企业全年峰电段、非峰电段发电量的变化,以一年 365 天,每

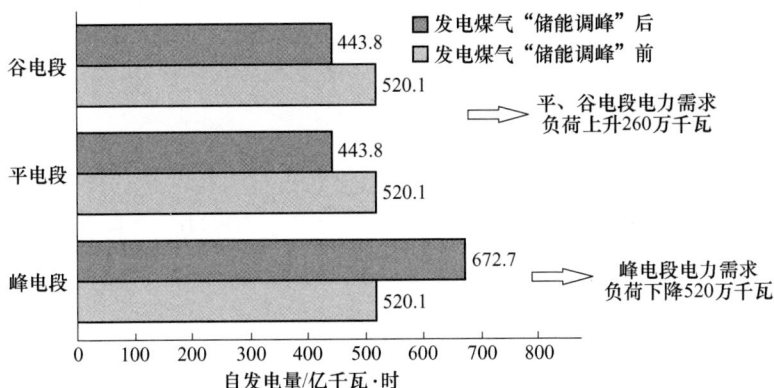

图 5-5 重点钢铁企业电网电力需求变化

天各时段 8h 计算，全年峰电段电力需求负荷下降约 520 万千瓦，非峰电段负荷上升 260 万千瓦。

确定各时段电网负荷变化后，根据式（5-1）~式（5-4）和表 5-4 内调峰机组运行参数，计算受影响的火电调峰机组的节能减排效果，其中平电段发电量变化主要作用于电网基负荷机组，仅需根据 1000MW 火电机组参数和重点钢铁企业电力需求变化计算即可，结果见表 5-14 和表 5-15。

表 5-14 两类调峰机组节能效果

机组类型	影响方式	节煤量/Mtce				占同年钢铁工业煤耗比重/%
		谷段	平段	峰段	总计	
"低负荷"调峰机组	转换为基负荷机组	-2.2	-2.2	6.8	2.4	0.8
	被 1000MW 机组替换	-0.3	-2.2	8.7	6.2	2.0
"两班制"调峰机组	转换为基负荷机组	-1.5	-2.2	8.2	4.5	1.5
	被 1000MW 机组替换	0	-2.2	8.2	6.0	2.0

表 5-15 两类调峰机组污染物减排效果

影响方式	减排量/占中国钢铁工业排放量比例			
	SO_2		NO_x	
	kt	%	kt	%
替换"低负荷"调峰机组为 1000MW 机组	15.0	2.3	37.4	7.5
替换"两班制"调峰机组为 1000MW 机组①	231.3	36.1	133.4	26.7

①由于小型"两班制"调峰机组没有脱硫或脱硝装置，因此使用新机组替换这部分调峰机组获得的污染物减排效益非常显著。

由表 5-14 可以看出，在现有火电调峰机组的情况下，中国重点钢铁企业实行发电煤气"储能调峰"利用模式全年可以降低火电发电煤耗 2.4~4.5Mtce，占 2016 年钢铁工业煤耗量的 0.8%~1.5%；如果使用 1000MW 先进机组替换现有调峰机组，则节煤量可上升到 6.0~6.2Mtce，占 2016 年重点钢铁企业煤耗量的约 2.0%。

此外，使用新机组替换受影响的调峰机组还可获得污染物减排的效果，见表 5-15。可以看出，如果使用 1000MW 新机组替换受影响的"低负荷"调峰机组，则年 SO_2 和 NO_x 减排量分别为 15.0kt 和 37.4kt，占 2016 年钢铁工业 SO_2 和 NO_x 排放量的 2.3% 和 7.5%；如果使用 1000MW 新机组替换受影响的高能耗、高排放"两班制"调峰机组，则年 SO_2 和 NO_x 减排量分别为 231.3kt 和 133.4kt，占 2016 年钢铁工业 SO_2 和 NO_x 排放量的 36.1% 和 26.7%。

5.6 本章小结

本章提出 2 种钢铁生产电力负荷管理方法，分别为生产工序电力负荷控制和发电煤气"储能调峰"利用模式。对钢铁企业而言，这两种方法可降低企业生产电力成本，获得经济上的收益。对电网而言，由于中国钢铁工业产量巨大，钢铁企业的生产电力管理会对电网的峰、谷负荷产生显著影响，起到平衡电网的作用，有助于提升火电调峰机组效率、降低发电煤耗和污染物排放。通过建立"低负荷"调峰机组和"两班制"调峰机组运行模型，对此部分进行了详细的分析。

第一种钢铁生产电力负荷管理方法是生产工序电力负荷控制。此方法通过对炼钢系统不同时段内废钢和热铁水的调度，将峰、平电段内的电炉产量最大限度地转移到了谷电时段，且不影响炼铁系统工序的正常生产。通过使用此方式，重点钢铁企业可使峰、平电段电力需求下降 38.6 亿千瓦·时，一年可节约生产电力成本 35.2 亿元。同时，此模式可降低峰、平电段电力需求负荷 132 万千瓦，提升谷电段电力负荷 185 万千瓦。在保持现有调峰机组的情况下，可降低发电煤耗 1.31~2.12Mtce，占 2016 年钢铁工业煤耗总量 0.4%~0.7%；如果使用先进 1000MW 火电机组替换受影响的调峰机组，节煤量将上升到 3.16~3.21Mtce，占 2016 年钢铁工业煤耗总量 1.0%~1.1%。此外，使用新机组替换受影响的调峰机组还可以获得显著的污染物减排的效果，如果采用 1000MW 机组替代受影响的"低负荷"模式调峰机组，年 SO_2 和 NO_x 减排量分别为 6.7kt 和 16.6kt，占 2016 年钢铁工业 SO_2 和 NO_x 排放量的 1.1% 和 3.1%；如果采用 1000MW 机组替代受影响的高能耗、高排放的"两班制"模式调峰机组，年 SO_2 和 NO_x 减排量分别为 111.9kt 和 62.1kt，占 2016 年钢铁工业 SO_2 和 NO_x 排放量的 17.5% 和 12.4%。

第二种钢铁生产电力负荷控制方法是发电煤气"储能调峰"利用模式。在此模式下，钢铁企业通过使用煤气柜在非峰电段的 16h 内收集并存储用于发电的焦炉煤气和转炉煤气，自备电厂发电量的下降通过购买电网低价电补偿；在峰电段将存储的煤气资源集中使用进行发电,可以减少对峰时段电网高价电的需求,达到降低电力生产成本的目的。首先,以一个年产1000万吨粗钢的钢铁企业为例分析,发电煤气"储能调峰"利用模式可为该企业日节约电力生产成本22万元,年节约电力生产成本8030万元,前期购买煤气柜投资款的回报周期不到3个月,说明发电煤气"储能调峰"利用模式可为钢铁企业节约大量电力生产成本。如果重点钢铁企业实行发电煤气"储能调峰"利用模式,则其峰电段电网电力需求可降低152.6亿千瓦·时,年节约电力生产成本约61亿元;并可使电网峰电段电力需求负荷下降520万千瓦,非峰电段负荷上升260万千瓦。在现有火电调峰机组的情况下,全年可以降低火电发电煤耗2.4~4.5Mtce,占2016年钢铁工业煤耗量的0.8%~1.5%;如果使用1000MW先进机组替换受影响的调峰机组,则节煤量可上升到6.0~6.2Mtce,占2016年重点钢铁企业煤耗量的2.0%。污染物减排方面,如果使用1000MW新机组替换受影响的"低负荷"调峰机组,则年SO_2和NO_x减排量分别为15.0kt和37.4kt,占2016年钢铁工业SO_2和NO_x排放量的2.3%和7.5%;如果使用1000MW新机组替换受影响的高能耗、高排放"两班制"调峰机组,则年SO_2和NO_x减排量分别为231.3kt和133.4kt,占2016年钢铁工业SO_2和NO_x排放量的36.1%和26.7%。

6 多因素影响下钢铁生产节能潜力分析

我国钢铁工业的产量占世界总钢产量近一半，其能耗水平变化对世界工业能耗水平变化有显著影响，因此分析中国钢铁工业节能潜力有重要的意义。影响钢铁生产能源强度的因素有很多，根据我国钢铁工业未来的发展（表 6-1），本章主要针对废钢比、技术水平、生产流程、产业集中度、能源消耗结构、发电煤耗等几个因素进行研究，分析这些因素的变化及对钢铁生产能源强度的影响。

表 6-1　钢铁工业主要发展方向

发展方向	相 关 文 件	内　　容
提高废钢比	《钢铁产业调整政策 2015》	到 2025 年我国钢铁企业炼钢废钢比不低于 30%
淘汰落后产能	《国务院关于钢铁行业化解过剩产能实现脱困发展的意见 2016》	2016 ~ 2021 年压减粗钢产能 1 ~ 1.5 亿吨
技术水平升级	《粗钢生产主要工序产品能源消耗限额 2013》、《钢铁行业能效评价技术依据 2014》	给出工序能耗和钢铁企业能耗评价标准
提高钢铁工业产业集中度	《钢铁产业调整政策 2015》	2025 年，前十家钢铁企业粗钢产量占全国比重不低于 60%
提高能耗中天然气比例	《能源发展战略行动计划（2014~2020）》	2020 年，天然气在能源消费中比重超过 10%

本章通过建立多因素耦合钢铁生产吨钢能耗计算模型，对中国钢铁工业的能效变化和节能潜力进行分析。应用此模型，分析多因素影响下中国钢铁工业 2025 年的能源效率，并分析说明各因素的影响。

6.1　相关参数匹配

由表 6-1 可以看出，未来我国钢铁工业的生产结构、技术水平、能源结构和产业结构等方面都将发生变化，本节基于第 4 章对钢铁生产各能耗影响因素及约束关系的研究，分析了废钢比、技术水平、生产流程、产业集中度、能源结构等因素变化的影响和匹配关系，并以最低生产能耗为目标设定了各主要生产参数值。

6.1.1　废钢比和电炉钢比匹配关系

2016 年我国钢铁生产废钢比只有 11.2%，远低于 35.5% 的世界平均水平。废钢比的高低对一个地区钢铁工业的生产结构和能源消耗情况有重要影响。从表6-2 可以看出，由于我国废钢比偏低，我国电炉钢产量也远低于高废钢比国家。

表 6-2　2016 年主要钢铁生产国生产情况[60]

国家	废钢比/%	生产流程占比/%	
		高炉-转炉流程	电炉流程
中国	11.2	93.7	6.3
日本	32.1	77.8	22.2
美国	72.2	33.0	67.0
欧盟（28）	54.6	60.5	39.5
世界	35.5	74.0	25.5

根据表 6-1，在未来随着我国可回收废钢数量的增加（具体见 3.1.2 小节的图 3-3），提高钢铁生产中的废钢比是我国钢铁工业发展的必然方向。

本节通过钢铁生产原材料平衡关系和能源平衡关系，构建出废钢比与生产流程结构和能源结构的匹配关系，分析废钢比变化对生产流程和能源结构的具体影响。

6.1.1.1　废钢比与生产流程结构的匹配关系

废钢比与两类钢铁生产流程比例（高炉-转炉流程和电炉流程）的关系可根据钢铁生产中的两个平衡关系确定：（1）在钢铁生产中，用于生产的废钢资源数量是确定的，因此各流程内部废钢比与总废钢比应有以下关系：总废钢比等于各流程内废钢比与流程产量比例的乘积的和；（2）流程产量守恒，即高炉-转炉流程和电炉流程产量占比之和为 100%。以上两类守恒关系可分别表示为式（6-1）和式（6-2）：

$$SR = g_{BF\text{-}BOF} \times SR_{BF\text{-}BOF} + g_{EAF} \times SR_{EAF} \tag{6-1}$$

$$g_{EAF} + g_{BF\text{-}BOF} = 100\% \tag{6-2}$$

式中　SR——钢铁生产的总废钢比,%；

$g_{BF\text{-}BOF}$——转炉钢比例,%；

g_{EAF}——电炉钢比例,%；

$SR_{BF\text{-}BOF}$——高炉-转炉流程的废钢比,%；

SR_{EAF}——电炉流程的废钢比,%。

在使用式（6-1）和式（6-2）确定某废钢比下两类生产流程的产量比例时，

还需要确定各生产流程内的废钢比（$SR_{\text{BF-BOF}}$和SR_{EAF}）。由于本章的目的是分析未来中国钢铁工业的节能潜力，因此在确定各流程内部生产废钢比时，以最低生产能耗为原则：根据现有最佳钢铁生产技术实践，高炉-转炉流程在最低生产能耗时，原材料中废钢比为10%；电炉流程使用100%废钢作为原材料时能耗最低[204]。基于此，可通过式（6-1）和式（6-2）确定某废钢比下的两类生产流程比例。

6.1.1.2 废钢比与电力比例的匹配关系

随着未来我国钢铁生产废钢比上升，电炉流程产量占比也将上升。电炉流程生产能源消耗以电力为主，因此电力在钢铁生产总能耗中的比例也将增加，这对发电煤耗法下的能耗数据将有较大影响。因此，需要分析电炉钢比例增加后电力在钢铁生产能耗中比例的变化。当两类流程的产量占比确定后，根据两类流程能耗中电力占比，通过式（6-3）确定总能耗中电力占比η_{Ele}：

$$\eta_{\text{Ele}} = g_{\text{BF-BOF}} \times \eta_{\text{Ele,BF-BOF}} + g_{\text{EAF}} \times \eta_{\text{Ele,EAF}} \tag{6-3}$$

式中 $\eta_{\text{Ele,BF-BOF}}$——转炉流程能耗中电力的比例，%；

$\quad\quad \eta_{\text{Ele,EAF}}$——电炉流程能耗中电力的比例，%。

在使用式（6-3）确定生产流程结构对能耗中电力占比的影响时，还需要确定两类流程内部生产能耗中电力的比例（$\eta_{\text{Ele,BF-BOF}}$和$\eta_{\text{Ele,EAF}}$）。根据现有最佳钢铁生产技术实践，当高炉-转炉流程生产能耗最低时（废钢比10%），电力消耗占流程能耗的约5%；当电炉流程中废钢比为100%时，生产能耗最低，此时电力消耗占流程总能耗的约65%[204]。基于此，可分析出废钢比对钢铁生产能源消耗中电力比例的影响。

6.1.2 产业结构参数设定

产业结构是影响钢铁工业能耗的另一个因素。一般来讲，小型企业的能耗水平高于大型企业（受设备大小、技术水平和操作水平限制），具体内容在第3章3.2节已经进行了分析。近十几年，中国钢铁产业集中度呈下降趋势，排名前十企业产量占比由2001年的45%下降到2016年的36%。而日本仅排名前5的企业产量就占全国总产量的80%以上，已经实现钢铁大型化生产。

根据表6-1提高大型企业产量占比是我国钢铁工业发展的趋势，到2025年我国前十家钢铁企业粗钢产量占全国比重应不低于60%，如图6-1所示。

在分析钢铁生产节能潜力时，需要考虑各类企业产业产量占比和能耗水平变化对钢铁工业能耗的影响，因此将重点钢铁企业进一步分为大型钢铁企业（粗钢产量排名前10的钢铁企业，即CR10企业，2016年产量占全国总钢产量的36%）和中型企业（重点企业内排名前10以外的企业，2016年产量占全国总钢厂量的46.5%）。

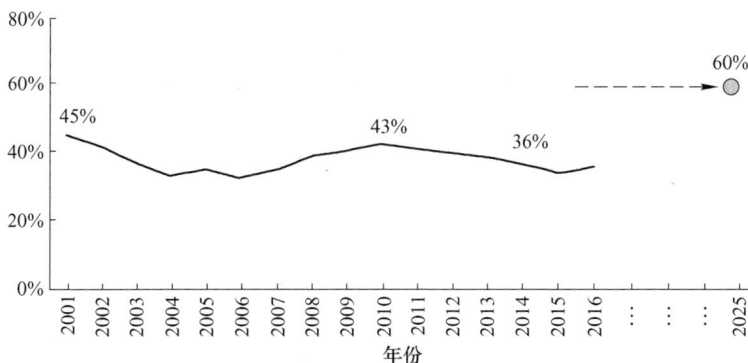

图 6-1　钢铁企业产业集中度变化

6.1.3　工序及流程能耗参数

本小节的目的是确定各类企业的生产能耗水平。2016 年中国重点钢铁企业产量占全国总产量的 82.5%，还有 17.5% 的产量由小型钢铁企业生产。中国钢铁能耗统计系统内只有重点钢铁企业的统计数据，没有小型钢铁企业的能耗数据。本章在分析 2025 年中国钢铁工业节能潜力时，考虑了小型钢铁企业的影响，因此需要分析计算出小型钢铁企业的能耗数据；此外，还研究了产量排名全国前十的大型钢铁企业技术水平进步的情况，所以还需要确定大型企业能耗水平进步的参考值。本小节的目的是确定各类企业的生产能耗水平。

6.1.3.1　小型钢铁企业能耗参数

小型钢铁企业没有具体的能耗数据，需要根据我国钢铁工业工序能耗限额值[205,206]（表 6-3），使用本章 6.2 节建立的能耗计算模型计算出小型钢铁企业的生产能耗。由于小型企业的各工序产量也无详细统计数据，因此在分析小型企业能耗时，使用重点企业的钢比系数进行计算。需要注意的是，钢铁生产工序限额值没有钢加工的能耗数据，所以钢加工的能耗情况参考重点企业的能耗水平。

表 6-3　主要生产工序单位产品能耗限定值

工　序	能耗值/kgce・t 产品$^{-1}$
烧　结	56
球　团	36
焦　化	155
高　炉	446
转　炉	0
电　炉	92

6.1.3.2 大型钢铁企业能耗参数

在分析大型钢铁企业能耗水平进步时，以现有世界最佳钢铁生产能耗值作为参考数。表 6-4 给出了钢铁生产流程的国际最佳实践能耗值，除了转炉能耗是国际钢铁协会 AllTech 工厂的数据以外，其他能耗数据均来自国际钢铁协会 EcoTech 工厂，而 EcoTech 工厂的技术定义为"被证实是节能并且经济上可行的技术"，AllTech 工厂的技术定义为"经济上可行的节能技术"[204]，因此使用此数值作为大型钢铁企业生产水平进步参考值既有节能意义，又有经济可行性。

表 6-4   钢铁生产用能国际最佳实践值[204]

能 耗 情 况	高炉-转炉流程①		电炉流程②	
	GJ/t	kgce/t	GJ/t	kgce/t
流程能耗③ （基于薄坯连铸技术）	14.8	504.5	2.6	87.5

①高炉-转炉流程能耗包括从原材料制备到冷轧加工生产中所有工序的能耗；
②电炉工序能耗数据为全废钢时生产能耗；
③能耗数据中电的热值是按电的热当量折算的，没有考虑发电煤耗的影响。

6.1.4   天然气替代煤炭节能效率

在工业生产中，天然气的能源转换效率要高于煤炭，具体内容在第 3 章的 3.3 节已经进行了分析。2016 年，我国钢铁生产能耗中天然气占比只有 1.1%[178]，远低于世界平均水平。根据我国未来天然气发展计划（表 6-1），到 2025 年这个比例要上升到 10% 以上，天然气比例的提升会从整体能源转换效率上提升钢铁生产的能效水平。在分析天然气替代煤的节能效率 θ 时，根据天然气在钢铁生产能耗中比例上升和工业生产中天然气替代煤的节能效率计算，如式 (6-4) 所示：

$$\theta = \Delta\varphi_{\text{natural gas}} \times \tau \tag{6-4}$$

式中 $\Delta\varphi_{\text{natural gas}}$ ——天然气在总能耗中比例变化，%；

         τ ——当用于工业燃料时，天然气替代煤炭的工业节能效果，约为 20%[66]。

6.2   多因素耦合钢铁生产能源强度计算模型

根据 6.1 节的分析，2025 年中国钢铁工业的生产流程比例、工序能耗、产业集中度、能源结构等均将发生变化，为了综合分析这些因素对中国钢铁工业生产能源强度的影响，本节在现有吨钢能耗统计方法的基础上，通过定义辅助系统能耗占比 κ 和非主工序能耗占比 λ 两个参数，创建了多因素耦合吨钢综合能耗计算模型，并结合历史数据验证了模型的准确度。使用此能耗分析模型，可将以上多种因素变化对钢铁生产能耗的影响统一反映在吨钢综合能耗指标上。

6.2.1 辅助系统能耗占比 κ

目前，钢铁行业使用的能耗指标主要有吨钢综合能耗和吨钢可比能耗。其中，前者反映了企业的总体能耗情况，主要服务于钢铁行业的能源统计与管理；后者是为了进行能源效率比较设置的，但不能作为企业能耗总量计算的依据[15-17]。

吨钢综合能耗计算公式如式（6-5）所示：

$$e_{综合} = \sum \frac{E_i}{P} \tag{6-5}$$

式中　$e_{综合}$——吨钢综合能耗，kgce/t；

E_i——统计期内第 i 种能源消耗量（包括煤炭、天然气、电力和油类等），kgce；

P——统计期内钢产量，t。

吨钢可比能耗有多种形式的表达式，本部分主要研究钢铁生产整体能耗变化，不需要对炼铁系统能耗进行详细分析，因此不使用第 4 章式（4-1）的形式，而直接根据各工序生产数据计算，如式（6-6）所示：

$$e_{可比} = (1/P)(\sum P_i \times e_i + N) \tag{6-6}$$

式中　$e_{可比}$——吨钢可比能耗，kgce/t；

P_i—— i 工序的实物产量，t；

e_i—— i 工序的平均能耗，kgce/t 产品；

N——机车能耗、燃气加工及运输能耗和企业能源亏损量等，kgce。

由式（6-5）和式（6-6）可以看出，吨钢综合能耗适合分析整体的能源结构和产业集中度变化的影响，而钢铁生产流程结构、流程能耗和工序能耗的变化可通过吨钢可比能耗分析。为了综合分析多个因素的影响，需要对综合能耗与可比能耗之间的关系做进一步研究。

从两种能耗指标包含范围来看，吨钢综合能耗包含的范围要比可比能耗广。吨钢综合能耗指钢铁工业生产直接消耗的各种能源，及其辅助生产系统及附属系统消耗的各种能源总量；而吨钢可比能耗只包括钢铁配套生产所必须消耗的能源量[17]。为了分析吨钢综合能耗与吨钢可比能耗之间的联系，定义辅助系统能耗占比 $\kappa = e_{辅助}/e_{可比}$，则综合能耗和可比能耗的关系可用式（6-7）表示：

$$e_{综合} = e_{可比} + e_{辅助} = (1 + \kappa) \times e_{可比} \tag{6-7}$$

式中　$e_{辅助}$——为钢铁企业服务的辅助生产系统、附属生产系统实际消耗的能源。

式（6-7）给出了吨钢综合能耗与吨钢可比能耗的关系式，式中未知参数 κ 将在本章后面的 6.2.4 小节通过计算分析确定。

6.2.2 非主工序能耗占比 λ

在确定了吨钢综合能耗与吨钢可比能耗的关系式后，还需要分析工序能耗、生产流程结构与吨钢可比能耗的关系，才能将这些因素的影响反映在统一的能耗指标上。

在吨钢可比能耗计算式（6-6）的基础上，令式中 P_i 与 P 之比为 p_i，即 i 工序的钢比系数；将运输、燃气加工等非主工序能耗合并为 $e_{\text{No-main}}$，并定义新参数非主工序能耗占比 $\lambda = e_{\text{No-main}}/\sum p_i \times e_i$，则吨钢可比能耗计算式（6-6）可变为式（6-8）的形式：

$$e_{可比} = \sum p_i \times e_i + e_{\text{No-main}} = (1+\lambda) \times \sum p_i \times e_i \qquad (6-8)$$

式中　i——主要钢铁生产工序，包括烧结、球团、焦化、炼铁、炼钢和钢加工等工序；

p_i——主要钢铁生产工序的钢比系数，无量纲；

e_i——i 工序的工序能耗，kgce/t 产品；

$e_{\text{No-main}}$——厂内机车运输、燃气加工输送的能耗及企业的能源亏损分摊到每吨钢上的数值，kgce/t。

式（6-8）中的 $\sum p_i \times e_i$ 实际上是各个钢铁生产工序的能耗之和，其中每一个单独的 $p_i e_i$ 就是生产单位质量粗钢时 i 工序的能耗值。例如 2016 年中国重点钢铁企业生产 1t 钢需要消耗 0.944t 铁，同年高炉工序生产 1t 铁的能耗为 387.75kgce/t 铁，则两者的乘积即为生产 1t 钢时高炉工序的能耗。

通过使用式（6-8），可以根据钢铁企业主要生产工序的能耗和钢比系数计算出吨钢可比能耗，式中的未知参数 λ 将在本章后面的 6.2.4 节通过计算分析确定。

吨钢可比能耗除了有式（6-8）的工序能耗计算形式外，还可以根据钢铁生产流程能耗确定。当已知高炉-转炉流程和电炉流程生产 1t 钢的能耗时（实际是将工序能耗合并为流程能耗），可以根据各流程的能耗和产量占比计算出吨钢可比能耗，如式（6-9）所示：

$$e_{可比} = \sum P_j \times e_j + e_{\text{No-main}} = (1+\lambda) \sum e_j \times p_j \qquad (6-9)$$

式中　e_j——高炉-转炉流程或电炉流程的生产 1t 钢的能耗，kgce/t；

p_j——高炉-转炉流程或电炉流程的产量占比，%。

式（6-9）中的 e_j 是高炉-转炉流程或电炉流程的能耗。完整的高炉-转炉流程包括烧结、球团、焦化、高炉、转炉和钢加工等工序；纯废钢电炉流程的能耗包括电炉、钢加工工序的能耗。

6.2.3 基于工序能耗与流程能耗的两类计算模型

本章的 6.2.1 小节给出了吨钢综合能耗与吨钢可比能耗的关系式, 6.2.2 小节分别列出基于工序能耗和基于流程能耗的两种吨钢可比能耗计算式。本部分在前面分析的基础上, 将上面公式整合成基于工序能耗和基于流程能耗的吨钢综合能耗计算式。

将式 (6-7) 和式 (6-8) 整合成式 (6-10), 即基于工序能耗的吨钢综合能耗的计算形式, 如式 (6-10) 所示:

$$e_{综合} = (1+\kappa) \times e_{可比} = (1+\kappa) \times \sum (1+\lambda)p_i \times e_i \qquad (6\text{-}10)$$

将式 (6-7) 和式 (6-9) 整合成 (6-11), 即基于流程能耗的吨钢综合能耗计算形式, 如式 (6-11) 所示:

$$e_{综合} = (1+\kappa) \times e_{可比} = (1+\kappa) \times \sum (1+\lambda)p_j \times e_j \qquad (6\text{-}11)$$

在式 (6-10) 和式 (6-11) 的基础上, 增加考虑产业集中度的影响。根据 6.1.2 小节对中国钢铁企业的分类, 将钢铁企业根据规模分为 CR10 钢铁企业、中型钢铁企业和小型钢铁企业。考虑钢铁工业产业集中度的影响后, 根据不同规模企业的产量占比和吨钢综合能耗数据, 中国钢铁工业吨钢综合能耗可通过式 (6-12) 计算:

$$e_{综合} = \sum_{1}^{m} e_{综合,m} \times \varphi_m \qquad (6\text{-}12)$$

式中　$e_{综合,m}$——m 类企业 (CR10 企业、中型企业或小型企业) 的吨钢综合能耗, kgce/t;

φ_m——m 类企业的产量占比, %。

在式 (6-12) 的基础上, 将 m 类钢铁企业的吨钢综合能耗 $e_{综合,m}$ 用吨钢综合能耗的工序能耗计算式 (6-10) 代入, 可得到考虑产业集中度后基于生产工序能耗的吨钢综合能耗的计算形式, 如式 (6-13) 所示:

$$e_{综合} = (1+\kappa) \times \sum_{1}^{m} \sum_{1}^{i} (1+\lambda)p_{i,m} \times e_{i.m} \times \varphi_m \qquad (6\text{-}13)$$

式中　$p_{i,m}$——m 类企业内 i 工序的钢比系数, 无量纲;

$e_{i.m}$——m 类企业内 i 工序的能耗, kgce/t 产品。

在式 (6-12) 的基础上, 将 m 类钢铁企业的吨钢综合能耗 $e_{综合,m}$ 用吨钢综合能耗的生产流程能耗计算式 (6-11) 代入, 可得到考虑产业集中度后基于生产流程能耗的吨钢综合能耗的计算式 (6-14):

$$e_{综合} = (1+\kappa) \times \sum_{1}^{m} \sum_{1}^{j} (1+\lambda)p_{j,m} \times e_{j,m} \times \phi_m \qquad (6\text{-}14)$$

式中　$p_{j,m}$——m 类企业内 j 流程的产量占比, %;

$e_{j,m}$——m 类企业内 j 流程的能耗，kgce/t。

式（6-13）和式（6-14）是综合考虑了产业集中度后，基于钢铁生产工序能耗和流程能耗的吨钢综合能耗计算公式。通过使用式（6-13）和式（6-14）可将工序能耗、流程能耗、流程比例和产业集中度等因素对钢铁生产能源消耗的影响统一反应在吨钢综合能耗上。

6.2.4 模型未知参数确定

本小节使用中国重点钢铁企业 2006~2016 年间的生产数据，通过计算分析确定钢铁生产辅助系统能耗占比 κ 和钢铁生产非主工序能耗占比 λ 的数值。

6.2.4.1 辅助系统能耗占比 κ 的确定

辅助系统能耗占比 $\kappa = e_{辅助}/e_{可比}$，因此只要确定了 $e_{辅助}$ 的值，就可以根据相应的吨钢可比能耗计算出 κ 的值。由式（6-7）可以看出，$e_{辅助}$ 的值可以通过吨钢综合能耗与吨钢可比能耗的差值确定。因此本节根据 2006~2016 年间重点钢铁企业的吨钢综合能耗和吨钢可比能耗值[171-175]，计算出历年 $e_{辅助}$ 的值，进而计算出 κ 值（表6-5）。

表 6-5   2006~2016 年重点钢铁企业的 $e_{辅助}$ 和 κ 值

年份	$e_{综合}$/kgce·t^{-1}	$e_{可比}$/kgce·t^{-1}	$e_{辅助}$/kgce·t^{-1}	κ/%
2006	645	623.04	21.96	3.52
2007	628	614.61	13.39	2.18
2008	629.93	609.61	20.32	3.33
2009	619.43	595.38	24.05	4.04
2010	604.60	581.14	23.46	4.04
2011	600.04	572.04	28.00	4.89
2012	600.5	577.74	22.76	3.94
2013	593.10	564.84	28.26	5.00
2014	588.13	546.45	41.68	7.62
2015	575.08	530.68	44.40	8.37
2016	585.56	533.96	51.60	9.66

从表6-5可以看出，2006~2016 年，中国重点钢铁企业的 κ 值在 2.18%~9.66% 之间波动，取 2006~2016 年平均值 5.15% 作为模型中 κ 值，在后面的6.2.5 小节的准确性验证部分，通过中国重点钢铁企业数据验证此参数选取的准确性。

6.2.4.2 非主工序能耗占比 λ 的确定

κ 值确定后，计算模型中未知数只有非主工序能耗占比 λ。根据 6.2.2 小节的内容，λ 的计算公式是 $\lambda = e_{\text{No-main}} / \sum p_i \times e_i$，只要确定了 $e_{\text{No-main}}$ 的值，就能根据工序能耗和钢比系数计算出 λ。

中国重点钢铁企业 2006~2016 年的工序能耗和产量有详细的统计数据（第 4 章的表 4-3 和表 4-4），据此首先计算出 2006~2016 年主要钢铁生产工序的钢比系数（表 6-6），其中转炉钢和电炉钢比例有具体统计数据，不需要通过计算获得。

表 6-6 主要生产工序产量和钢比系数

年份	烧结		球团		焦化		炼钢生铁	
	产量/Mt	钢比系数	产量/Mt	钢比系数	产量/Mt	钢比系数	产量/Mt	钢比系数
2006	417.24	1.194	73.39	0.210	91.91	0.263	305.57	0.874
2007	494.05	1.222	90.43	0.224	99.57	0.246	352.06	0.871
2008	531.56	1.281	94.20	0.227	106.87	0.258	366.97	0.884
2009	583.81	1.210	94.96	0.197	119.45	0.248	442.81	0.912
2010	674.23	1.216	120.45	0.217	142.34	0.257	502.83	0.907
2011	715.55	1.195	142.43	0.238	133.59	0.223	546.84	0.914
2012	790.68	1.284	134.95	0.219	126.23	0.205	569.87	0.926
2013	868.80	1.313	159.06	0.240	124.39	0.188	622.50	0.941
2014	901.29	1.328	139.32	0.205	120.98	0.178	643.95	0.949
2015	870.44	1.351	113.24	0.176	120.26	0.187	628.43	0.975
2016	88225	1.325	112.42	0.169	124.96	0.188	628.93	0.944

根据表 6-6 内历年各工序的钢比系数，结合主要钢铁生产工序能耗值（表 4-3），可确定 2006~2016 年间中国重点钢铁企业的主要生产工序能耗 $\sum p_i \times e_i$；再通过式（6-9）计算出 2006~2016 年中国重点钢铁企业的 $e_{\text{No-main}}$，进而可计算出 λ 的值（表 6-7）。

表 6-7 2006~2016 年重点钢铁企业的 $e_{\text{No-main}}$ 与 λ 值

年份	$\sum p_i \times e_i$ /kgce·t^{-1}	$e_{可比}$ /kgce·t^{-1}	$e_{\text{No-main}}$ /kgce·t^{-1}	λ /%
2006	565.30	623.04	57.74	10.21
2007	552.27	614.61	62.34	11.29
2008	559.04	609.61	50.57	9.05

续表 6-7

年份	$\sum p_i \times e_i$ /kgce·t^{-1}	$e_{可比}$ /kgce·t^{-1}	$e_{No\text{-}main}$ /kgce·t^{-1}	λ /%
2009	540.01	595.38	55.37	10.25
2010	534.32	581.14	46.82	8.76
2011	527.28	572.04	44.76	8.49
2012	519.25	577.74	58.49	11.26
2013	523.35	564.84	41.49	7.93
2014	516.00	546.45	30.45	5.90
2015	518.60	530.68	12.08	2.33
2016	505.30	533.96	28.66	5.67

从表 6-7 可以看出，2006~2016 年中国重点钢铁企业 λ 值在 2.33%~11.29% 之间，取 2006~2016 年平均值 8.29% 作为模型计算参数，并在 6.2.5 小节验证其准确性。

6.2.5 模型准确性验证

确定了 κ 和 λ 的数值后，就可以应用此模型分析多因素影响下中国钢铁工业 2025 年的吨钢综合能耗水平变化，在此之前，需要先对模型进行准确性验证，以说明模型的计算精度。

使用中国重点钢铁企业 2006~2016 年主要生产工序的能耗（第 4 章的表 4-3）、钢比系数和重点企业吨钢综合能耗（表 6-5 和表 6-6）数据，对模型参数选取的准确性进行验证，通过多因素耦合吨钢能耗计算模型计算出的吨钢综合能耗和实际吨钢综合能耗数值，见表 6-8。

表 6-8   模型准确性验证

年 份	$e_{综合}$ 计算值 /kgce·t^{-1}	$e_{综合}$ 实际值 /kgce·t^{-1}	误 差 率
2006	643.69	645.00	0.20%
2007	628.85	628.00	0.14%
2008	636.56	629.93	1.05%
2009	614.89	619.43	0.73%
2010	608.41	604.60	0.63%

年　份	$e_{综合}$ 计算值 /kgce·t^{-1}	$e_{综合}$ 实际值 /kgce·t^{-1}	误差率
2011	600.40	600.04	0.06%
2012	591.25	600.5	1.54%
2013	595.92	593.10	0.48%
2014	587.55	588.13	0.10%
2015	590.51	575.08	2.68%
2016	575.37	585.56	1.74%

从表 6-8 所示的结果可以看出，通过多因素耦合钢铁生产能耗模型计算出的 2006～2016 年中国重点钢铁企业吨钢综合能耗与实际的吨钢综合能耗数值相比误差在 0.10%～2.68% 之间，2006～2016 年数据结果的平均误差率仅为 0.85%，说明模型具有较高的准确性。

6.3　能源效率与节能潜力分析

6.3.1　基于最低生产能耗的钢铁生产情况求解

根据表 6-1 内的中国钢铁工业发展规划，2025 年中国钢铁工业废钢比将由 2016 年的 11.2% 上升到 30%。在分析节能潜力前，首先确定此废钢比时两类钢铁生产流程的产量占比。根据 6.1.1 小节基于钢铁最低生产能耗下的生产参数，使用式（6-1）和式（6-2）进行计算。当 2025 钢铁生产废钢比由 2016 年的 11.2% 上升到 30% 后，电炉流程比例由 2016 年的 6.3% 上升到 22%，此时电炉流程内部废钢比也由 2016 年的 39% 上升到 100%（全废钢流程）；高炉-转炉流程产量占比由 2016 年的 93.7% 下降到 2025 年的 78%，此时高炉-转炉流程内部废钢比由 2016 年的 5.8% 上升到 10%。

此外，2025 年中国钢铁生产能源结构也将发生变化。根据《中国能源统计年鉴》，2016 年，钢铁工业电力消费总量是 5281.67 亿千瓦·时，占钢铁工业能耗总量的 10.1%（电热当量法）；钢铁生产天然气消费总量占钢铁工业能耗总量的 1.1%（电热当量法）[178]。到 2025 年，随着电炉流程和高炉-转炉流程产量占比的变化，电力在钢铁生产中能耗的比例也将上涨，这对发电煤耗法下的能耗数据会产生较大影响，根据式（6-3）计算出 2025 年电力在钢铁生产能源消耗中的比例上升到 18.2%（电热当量法）；同时根据发展规划，天然气比例也将由 2016 年的 1.1% 上升到 10%（表 6-9）。

表6-9　生产流程结构及能源结构变化　　　　（%）

研究对象	变化因素	2016年 （$SR=11.2\%$）	2025年 （$SR=30\%$）
生产流程结构	高炉-转炉流程	93.7	78
	电炉流程	6.3	22
能源结构	电	10.1	18.2
	天然气	1.1	10
	其他	88.8	71.8

6.3.2　基于最低生产能耗的钢铁企业能耗求解

确定了生产流程和能源结构的变化后，使用多因素耦合吨钢综合能耗计算模型对各类钢铁企业的吨钢综合能耗水平进行分析。

6.3.2.1　2016年小型钢铁企业的能耗求解

2016年中国17.5%的粗钢由小企业生产，但小型钢铁企业的能耗没有统计数据，所以2016年中国小型钢铁企业能耗水平未知，因此首先需要分析2016年中国小型钢铁企业的能耗。

根据6.1.3小节的参数设定，以中国发布钢铁生产工序能耗限额值（表6-3）作为小型钢铁企业烧结、球团、焦化、高炉、转炉和电炉工序能耗；另外，由于小型企业各工序产量数据无具体统计，在计算中以重点企业的钢比系数估算（表6-6）。由式（6-10）计算出2016年中国小型钢铁企业的吨钢综合能耗为679.6kgce/t，比重点大中型钢铁企业高出16.1%。

再根据中国重点大中型钢铁企业和小型钢铁企业的吨钢综合能耗和钢产量占比，使用式（6-12）计算出中国2016年中国全部钢铁企业的吨钢综合能耗值为602.0kgce/t（图6-2）。

6.3.2.2　发电煤耗法下的能耗数据

从表6-9可知，2016年中国钢铁生产中电力在总能耗中占比为10.1%（电热当量法）。根据同年火电发电煤耗（294gce/(kW·h)，6MW以上机组），使用式（3-2）将电热当量法下数据转换为发电煤耗法下数据，经计算，2016年中国全部钢铁企业的吨钢综合能耗值（发电煤耗法）为686.7kgce/t。

6.3.2.3　2025年不同规模企业能源强度求解

为了计算2025年不同规模钢铁企业的能耗水平，首先不考虑技术水平进步，仅考虑废钢比上升的情况，计算废钢比上升到30%后各生产工序钢比系数的变化。

2016年中国重点钢铁企业废钢比为11.2%，钢铁生产中1t废钢可再炼成约1t钢[61]，则2016年中国重点钢铁企业平均每吨钢内有0.112t产自废钢，其余0.888t钢由铁水生产。根据表6-6中的各工序钢比系数，2016年为了生产这0.888t钢平均需要消耗1.325t烧结矿、0.169t球团矿、0.188t焦炭和0.944t铁水；到2025年，当钢铁生产废钢比上升到30%后，每吨钢内30%产自废钢，其余0.7t产自铁水，根据2016年钢比系数，以第4章的式（4-7）所示的废钢比与铁钢比匹配关系为依据计算钢比系数变化，则为了生产这0.7t钢，平均需要消耗1.044t烧结矿、0.132t球团矿、0.148t焦炭和0.744t铁水。以上是废钢比上升到30%后工序的钢比系数变化，炼钢系统内电炉钢和转炉钢比例在6.3.1小节已经确定。

确定了钢铁生产工序钢比系数后，可根据工序能耗计算出2025年各类钢铁企业的能耗值。首先不考虑技术水平进步，认为生产技术水平（工序能耗）保持在2016年，仅考虑废钢比增加到30%的情况（此时转炉钢比例为78%，电炉钢比例为22%），根据式（6-10）计算出中国重点企业（CR10企业+中型企业）吨钢综合能耗为481.7kgce/t，与2016年相比下降17.7%；小型企业吨钢综合能耗为569.4kgce/t，与2016年相比下降16.6%（图6-2）。

在废钢比提高的基础上，增加考虑技术进步的情况。根据表6-4，目前世界最佳钢铁生产能耗为：高炉-转炉流程中废钢比为10%时，流程能耗可降到504.5kgce/t；电炉流程中废钢比100%时，流程能耗可降到87.5kgce/t[204]。假设2025年中国产量排名前十的钢铁企业的技术水平已经达到世界最先进水平，由式（6-11）计算出其吨钢综合能耗为469.8kgce/t（此时废钢比为30%，转炉钢比例为78%，电炉钢比例为22%），如图6-2所示。

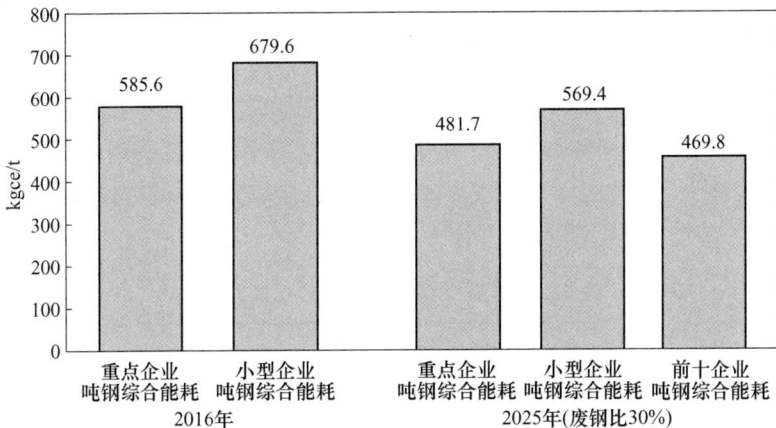

图6-2 不同规模钢铁企业吨钢综合能耗变化（电热当量法）

6.3.3 电热当量法下单影响因素节能潜力研究

确定了各类企业的能耗水平后，就可以综合分析中国钢铁工业的节能潜力，在此之前，首先对各因素的单独节能潜力进行分析。根据基于最低生产能耗的参数设定和各生产工序能耗和钢比系数数据，使用式（6-10）~式（6-14）计算出各个影响因素单独作用下中国钢铁工业吨钢综合能耗的节能潜力（表6-10）。

由表6-10所示结果可以看出，在众多因素中，废钢比的提升对降低钢铁生产能源强度的效果最明显，达到了17.4%；其次是排名前十企业的技术水平进步可以使吨钢综合能耗降低6.8%，在此基础上，如果前十企业产业集中度提高到60%，节能潜力可达到11.6%；此外，小型企业的技术进步和天然气比例的提升可分别使吨钢综合能耗下降2.7%和1.8%。

表 6-10 各因素节能潜力分析结果

影 响 因 素		与 2016 年相比	
		综合能耗节能量 /kgce · t^{-1}	节能率/%
废钢比由 2016 年的 11.2% 上升到 30%		497.1	17.4
能耗中天然气比例由 1.1% 上升到 10%		591.3	1.8
小型钢铁企业技术水平进步或淘汰落后产能（达到重点钢铁企业水平）		585.6	2.7
排名前十钢铁企业技术水平进步（达到世界最佳实践值）	CR10 为 2016 年的 36%	561.3	6.8
	CR10 上升到 60%	531.9	11.6

6.3.4 电热当量法下钢铁工业节能潜力分析

本小节综合分析多因素作用下 2025 年中国钢铁工业的节能潜力，各类情况的描述见表6-11。根据各类情况下的参数设定、工序的能耗和钢比系数以及不同规模企业能耗和产量数据，使用式（6-10）~式（6-14），将各情况下的中国钢铁工业 2025 年节能潜力计算出来（图6-3）。

表 6-11 钢铁工业节能潜力分析情况设定

情况	内 容 描 述
A	只考虑各类钢铁企业废钢比从 2016 年 11.2% 增加到 2025 年 30%
B	在废钢比上升的基础上，增加考虑能源结构中天然气比例由 2016 年的 1.1% 上升到 10% 的影响

情况	内 容 描 述
C	除了考虑废钢比、天然气比例上升外，增加考虑 CR10 企业的产业集中度上升和技术进步的情况（CR10 达到 60%，技术达到世界先进水平）
D	除了考虑废钢比、天然气比例上升外，增加考虑小型钢铁企业技术进步的情况（达到 2016 年中国重点企业的技术水平）
E	考虑以上所有因素时的最大节能潜力

如图 6-3 所示，在电热当量法下，2025 年中国钢铁工业的吨钢综合能耗在 466.1～497.1kgce/t 之间，与 2016 年相比下降 104.9～135.9kgce/t，节能率在 17.4%～22.6% 之间。其中，增加废钢比可使吨钢综合能耗与 2016 年相比下降 17.4%，是降低钢铁生产吨钢综合能耗最有效的方法；在此基础上，增加考虑天然气比例上升、小型企业和前十企业的产业集中度上升和技术进步等因素，与 2016 年相比最大节能潜力可达到 22.6%，此时吨钢综合能耗为 466.1kgce/t。

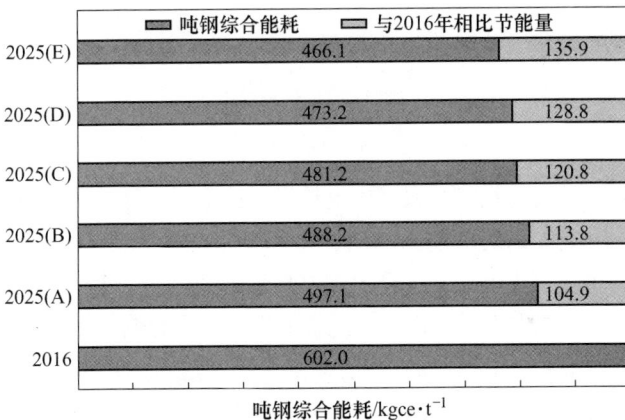

图 6-3 2025 年中国钢铁工业节能潜力（电热当量法）

6.3.5 发电煤耗法下钢铁工业节能潜力分析

6.3.5.1 发电煤耗法节能潜力分析

在使用电热当量法分析的基础上，本小节增加考虑电力对钢铁生产能耗影响，对发电煤耗法下数据进行分析。根据前面的分析，当废钢比上升到 30% 后，电炉钢比例将由 2016 年的 6.3% 上升到 22%，此时电力在总能耗中的比例由 2016 年的 10.1% 上升到 18.2%。根据 2016 年中国火电发电煤耗（294gce/(kW·h)，6MW 以上机组），通过两类方法数据转换公式（3-2），将电热当量法下的数据进一步转换为发电煤耗法下的数据 (图6-4)。

如图6-4所示，发电煤耗法下2025年中国钢铁工业吨钢综合在584.2~623.1kgce/t之间，与2016年相比下降63.6~102.5kgce/t，节能率9.3%~14.9%。可以看出，发电煤耗法下中国钢铁工业2025年的节能量和节能潜力与电热当量法下结果相比有较大幅度下降，其中增加废钢比的节能潜力由17.4%下降到9.3%。所以，能源统计方法的选择对分析结果会有较大影响。

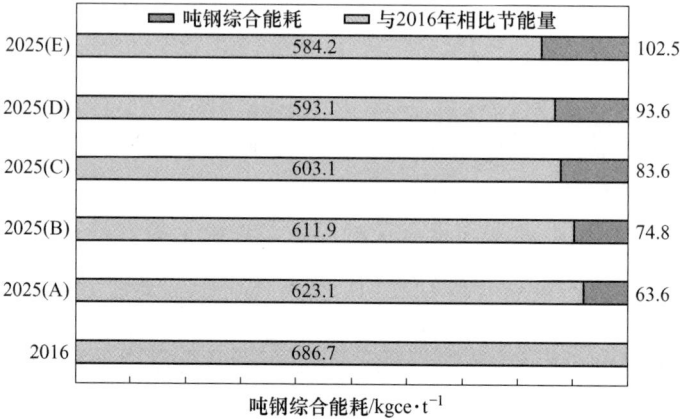

图6-4   2025年中国钢铁工业节能潜力 (发电煤耗法)

目前钢铁企业分析能耗时一般使用电热当量法下的能耗数据，但使用此方法评估提高废钢比和发展电炉钢的节能潜力时，得到的节能效果会高于发电煤耗法下的结果。2017年钢铁企业自供电比例已经超过40%，钢铁企业的大量余热和余能资源被用于自备电厂发电，因此电力对钢铁生产能源消耗有重要影响。在评估节能潜力时 (特别是分析增加废钢比和电炉钢比的情况)，如果不考虑电力比例变化和发电煤耗的影响，得到的结果很难全面说明问题。但如果节能方法或技术不对电力消耗产生影响或影响很小，电热当量法下的数据对研究煤炭消耗量变化有准确的结果。

6.3.5.2   不同发电煤耗下的节能潜力

在前面分析的基础上，本小节还计算了发电煤耗水平进步的对节能潜力的影响，分别计算了如果2025年中国火电发电煤耗下降到285gce/(kW·h) 和275gce/(kW·h) 时，钢铁工业不同情况下的节能潜力 (图6-5)。

通过图6-5的结果可以看出，中国火电发电煤耗每下降3%，中国钢铁工业生产能源强度 (发电煤耗法) 大约下降1%，说明火电发电煤耗对中国钢铁工业的能源消耗也有一定的影响。因此，未来火力发电技术水平的进步，也对降低中国钢铁工业能源消耗有一定的贡献，特别是在钢铁生产废钢比和电炉钢比例大幅增加的情况下。

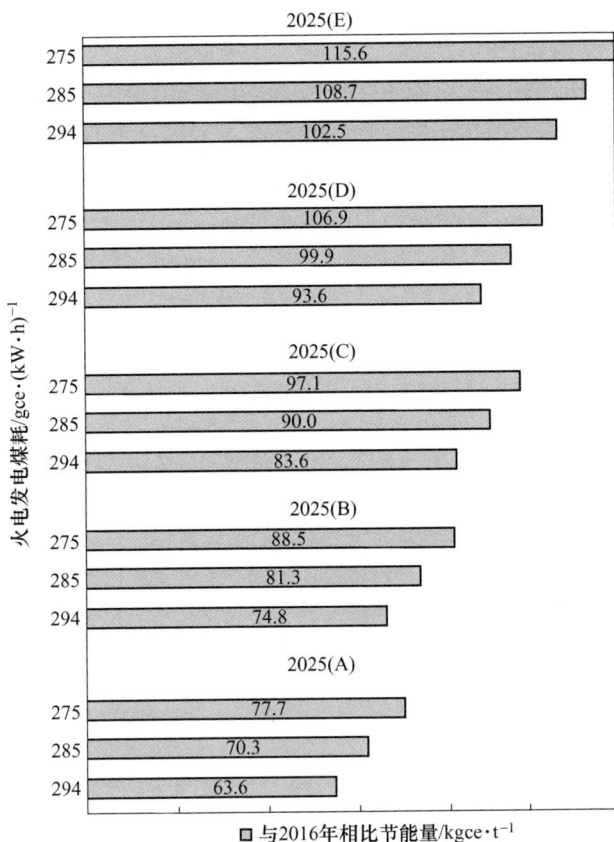

图 6-5 发电煤耗对节能潜力的影响

6.4 本章小结

（1）首先根据中国钢铁工业发展规划，分析了中国钢铁工业流程结构、产业结构、能源结构和技术水平等多方面的变化趋势。基于最低生产能耗下的生产参数，2025 年中国钢铁工业废钢比由 2016 年的 11.2% 上升到 30% 后，"长流程"比例由 2016 年的 93.7% 下降到 78%，"短流程"比例由 2016 年的 6.3% 上升到 22%（此时电炉使用 100% 废钢生产，转炉使用 10% 废钢生产）。同时，中国钢铁工业能源结构也将会发生改变，电力在总消耗中的比例由 10.1% 上升到 18.2%，天然气比例由 1.1% 上升到 10%（电热当量法）。

（2）根据中国钢铁工业能源统计方法和历史数据，通过定义辅助系统能耗占比 κ 与非主工序能耗占比 λ 两个参数，建立了多因素耦合钢铁生产吨钢综合能耗计算模型，模型考虑了生产流程、工序能耗、产业集中度、能源种类和技术水平等因素对吨钢综合能耗的影响。并使用中国重点企业 2006~2016 年数据对模型准确性进行了验证,结果显示 2006~2016 年平均误差率仅为 0.85%,证明该模型具有较高的准确性。

(3) 对电热当量法下各因素单独影响的 2025 年中国钢铁工业节能潜力进行分析。结果显示,废钢比的提升对降低能源强度的影响最明显,达到了 17.4%;其次是排名前十钢铁企业的技术水平进步可以使吨钢综合能耗降低 6.8%,在此基础上,如果前十钢铁企业产业集中度 (CR10) 提高到 60%,节能潜力可达到 11.6%;此外,小型企业的技术进步和天然气比例的提升可分别使吨钢综合能耗下降 2.7% 和 1.8%。

(4) 在电热当量法下,对多因素影响下 2025 年中国钢铁工业节能潜力进行分析。结果显示,2025 年不同情况下中国钢铁工业的吨钢综合能耗在 466.1~497.1kgce/t 之间,与 2016 年相比下降 104.9~135.9kgce/t,节能率在 17.4%~22.6% 之间。其中,仅通过增加废钢比就可使吨钢综合能耗与 2016 年相比下降 17.4%,在此基础上,增加考虑天然气比例上升、小型企业技术进步、前十企业的产业集中度上升和技术进步等因素,与 2016 年相比最大节能潜力可达到 22.6%,此时吨钢综合能耗为 466.1kgce/t。

(5) 在发电煤耗法下,对多因素影响下 2025 年中国钢铁工业节能潜力进行分析。结果显示,2025 年不同情况下中国钢铁工业吨钢综合能耗在 584.2~623.1kgce/t 之间,与 2016 年相比下降 63.6~102.5kgce/t,节能率 9.3%~14.9%。发现电煤耗法下的节能量和节能潜力与电热当量法下结果相比有所下降,说明能源统计方法的选择对节能潜力分析结果会有较大影响。目前钢铁企业一般使用电热当量法下的能耗数据,但使用此方法评估提高废钢比和发展电炉钢的节能潜力时,得到的节能效果会高于发电煤耗法下的结果。在分析钢铁生产节能潜力时 (特别是分析增加废钢比和电炉流程等对电力消耗有较大影响的因素时),使用发电煤耗法下数据可获得更全面的结果。但如果节能方法或技术不对电力消耗产生影响或影响很小,电热当量法下的数据对研究煤炭消耗量变化有准确的结果。此外,发电技术水平对钢铁工业的能源消耗 (发电煤耗法) 也有一定的影响,特别是在钢铁生产废钢比和电炉钢比例大幅增加的情况下。

7 结论与展望

7.1 结论

本书基于中国钢铁工业生产和能耗情况，对钢铁生产典型能耗影响因素及约束关系、钢铁生产能源强度变化及原因、生产电力负荷管理方法和效果及多因素影响下钢铁生产节能潜力等问题进行了研究。主要结论如下：

（1）基于废钢比等因素对钢铁生产能耗的显著影响，在分析吨钢可比能耗指标局限性的基础上，提出吨钢定比能耗指标的概念，应用此指标可排除废钢比、流程结构、能源结构等因素的影响，研究生产技术水平对钢铁生产能耗变化的作用。使用吨钢定比能耗指标对中国重点钢铁企业能耗变化进行分析，结果显示：

1）在电热当量法下，2006~2016年重点钢铁企业通过技术水平进步使吨钢可比能耗下降111.8kgce/t，降幅为17.9%，说明技术水平进步明显；但由于生产废钢比由2006年的16.0%下降到2016年的11.2%，使技术水平进步表现在吨钢可比能耗上的降幅被部分抵消，最终吨钢可比能耗下降89.0kgce/t，降幅为14.3%。

2）在发电煤耗法下，中国重点钢铁企业2006~2016年通过钢铁生产技术水平进步使吨钢定比能耗下降130kgce/t，降幅17.8%，在此基础上考虑火电发电水平进步，则吨钢定比能耗下降150kgce/t，降幅达20.6%；但由于废钢比下降对钢铁生产能耗有向上的影响趋势，使能耗降低量被部分抵消，最终表现在吨钢可比能耗上的降幅仅为89kgce/t（12.2%）。

3）2006~2016年中国重点钢铁企业和日本钢铁企业定比能耗差距由105kgce/t下降到-4kgce/t，降幅达109kgce/t，说明两者技术水平差距缩小非常明显；到2016年，中国重点钢铁企业吨钢可比能耗比日本高5.3%，但两者的吨钢定比能耗基本持平，说明中国重点钢铁企业与日本钢铁企业吨钢可比能耗差距主要是由于废钢比及生产结构等因素差异造成的。

（2）从钢铁企业电力消耗侧和电力供给侧出发，提出2种钢铁生产电力负荷管理的方法，分别为钢铁生产工序电力负荷控制和自备电厂发电煤气"储能调峰"利用模式。1）钢铁生产工序电力负荷控制方法可使重点钢铁企业峰、平电段电力需求下降38.6亿千瓦·时，年节约企业生产电力成本35.2亿元；并降低峰、平电段电力需求负荷 132 万千瓦，提升谷电段电力负荷 185 万千瓦。在现有调峰机组的情况下，全年可以降低调峰机组发电煤耗 1.31～2.12Mtce，占 2016 年钢铁工业煤耗总量 0.4%～0.7%。如果使用先进 1000MW 火电机组替换受影响的调峰机组，节煤量上升到 3.16～3.21Mtce，占 2016 年中国钢铁工业煤耗总量 1.0%～1.1%。此外，使用 1000MW 机组替代受影响的高能耗、高排放"两班制"模式调峰机组可获得显著的污染物减排效果，年 SO_2 和 NO_x 减排量分别为 111.9kt 和 62.1kt，占 2016 年钢铁工业 SO_2 和 NO_x 排放量的 17.5% 和 12.4%。2) 钢铁企业发电煤气"储能调峰"利用模式可使重点钢铁企业峰电段电力需求降低 152.6 亿千瓦·时，年节约电力生产成本约 61 亿元。并使峰电段电力需求负荷下降 520 万千瓦，谷电段负荷上升 260 万千瓦。在现有火电调峰机组的情况下，全年可以降低火电发电煤耗 2.4～4.5Mtce，占 2016 年中国钢铁工业煤耗量的 0.8%～1.5%；如果使用 1000MW 先进机组替换受影响的调峰机组，节煤量可上升到 6.0～6.2Mtce，占 2016 年中国重点钢铁企业煤耗量的约 2.0%；此外，使用 1000MW 新机组替换受影响的高能耗、高排放的"两班制"调峰机组，则年 SO_2 和 NO_x 减排量分别为 231.3kt 和 133.4kt，占 2016 年钢铁工业 SO_2 和 NO_x 排放量的 36.1% 和 26.7%。

（3）分析了未来中国钢铁工业流程结构、产业结构、能源结构和技术水平等因素的变化趋势和影响，通过建立多因素耦合钢铁生产能源强度分析模型，对这些因素影响下 2025 年中国钢铁工业的能源消耗情进行了分析。

1）基于最低生产能耗下的生产参数，2025 年中国钢铁工业废钢比由 2016 年的 11.2% 上升到 30% 后，"长流程"比例由 2016 年的 93.7% 下降到 78%，"短流程"比例由 2016 年的 6.3% 上升到 22%（此时电炉使用 100% 废钢生产，转炉使用 10% 废钢生产）。

2）对电热当量法下单因素节能潜力进行了分析，发现废钢比的提升对降低能源强度的影响最明显（节能率 17.4%），排名前十企业技术水平进步可以使能源强度降低 6.8%（如果前十企业产业集中度提高到 60%，节能潜力可达到 11.6%），小型企业的技术进步和天然气比例的提升可分别使吨钢综合能耗下降 2.7% 和 1.8%。

3）在电热当量法下对多因素共同作用下 2025 年中国钢铁工业节能潜力进行分析，发现 2025 年中国钢铁工业的吨钢综合能耗在 466.1～497.1kgce/t 之间，与 2016 年相比下降 104.9～135.9kgce/t，节能率在 17.4%～22.6% 之间。其中，仅通过增加废钢比就可使吨钢综合能耗与 2016 年相比下降 17.4%，在此基础上，增加考虑天然气比例上升、小型企业、前十企业的产业集中度上升和技术进步等因素，与 2016 年相比最大节能潜力可达到 22.6%。

4）在发电煤耗法下对多因素共同作用下 2025 年中国钢铁工业节能潜力进行

分析，结果显示 2025 年中国钢铁工业吨钢综合在 584.2～623.1kgce/t 之间，与 2016 年相比下降 63.6～102.5kgce/t，节能率 9.3%～14.9%。可以看出，发电煤耗法下中国钢铁工业 2025 年的节能量和节能率与电热当量法下结果相比均有所下降，因此能源计算方法的选择对分析结果有较大影响。在评估钢铁生产节能潜力时（特别是分析增加废钢比和电炉流程等对电力消耗有较大影响的因素时），使用发电煤耗法下数据可获得更全面的结果；但如果节能方法或技术不对电力消耗产生影响或影响很小，电热当量法下的数据对研究煤炭消耗量变化较准确。此外，发电技术水平进步对中国钢铁工业的节能也有一定贡献。

7.2 研究展望

（1）铁矿石的品质也对钢铁工业生产能耗有一定影响，未来随着废钢比上升，铁矿石需求随之下降，在钢铁生产中将优先选择使用优质铁矿石。在未来研究中，可以针对使用优质铁矿石的节能意义和效果进行进一步分析。

（2）在钢铁生产能耗中，大量的能量转换为二次能源，包括煤气资源、余热资源、渣资源等，这部分能源的合理利用也将对降低中国钢铁工业能源强度有重要贡献，这也是后续重要的研究方向之一。

参 考 文 献

[1] International Energy Agency. Energy balance flows ［EB/OL］. （2019-03-25）. http：//www. iea. org/Sankey/index. html.

[2] World Steel Association. Steel Statistics Yearbook ［R］. Belgium：World Steel Association, 2018.

[3] 池仁勇, 李盼盼. 美国钢铁行业的兴衰及启示 ［J］. 未来与发展, 2010 (7)：100-103.

[4] 张晓平, 张青云. 世界钢铁工业发展趋势及对我国钢铁工业的影响 ［J］. 世界地理研究, 2005, 14 (2)：80-85.

[5] Zhang S, Yin H. The trends of ironmaking industry and challenges to Chinese blast furnace iron-making in the 21st century ［J］. China Metall 2009, 19 (1)：1-8.

[6] 殷瑞钰. 中国钢铁工业的回顾与展望 ［J］. 鞍钢技术, 2004 (4)：1-6.

[7] World Steel Association. World Steel in Figures 2018 ［R］. Belgium：World Steel Association, 2019.

[8] Australian Government -Department of Industry, Innovation and Science. Resources and Energy Quarterly—March 2018 ［R］. Canberra：Department of Industry, Innovation and Science, 2018.

[9] World Steel Association. Sustainable steel at the core of a green economy ［R］. Belgium：World Steel Association, 2012.

[10] International Energy Agency. Energy Technology Perspectives 2012 ［R］. Paris：International Energy Agency, 2012.

[11] World Steel Association. Energy Use in the Steel Industry ［R］. Belgium：World Steel Association, 2014.

[12] 蔡九菊. 钢铁工业的空气消耗与废气排放 ［J］. 钢铁, 2019 (4)：1-11.

[13] 藏悦, 刘维广, 张建国. 加快废钢利用促进钢铁工业节能减排 ［J］. 钢铁研究, 2010, 38 (4)：43-46.

[14] 李致平, 冯璐. 美、日、中三国废钢利用现状研究 ［J］. 安徽工业大学学报（社会科学版）, 2011, 28 (6)：17-21.

[15] 张刚刚. 钢铁企业能耗指标体系的研究与应用 ［D］. 沈阳：东北大学, 2013.

[16] 国家节能中心. 国家节能中心能效评价技术依据 ［M］. 北京：中国发展出版社, 2014.

[17] 国家统计局能源司. 能源统计工作手册 ［M］. 北京：中国统计出版社, 2010.

[18] 国家节能中心. 能效评价技术依据-钢铁行业 ［EB/OL］. （2019-03-25）. http：//www. chinanecc. cn/website/News！view. shtml？id=144711.

[19] 王群伟, 周德群, 陈洪涛. 技术进步与能源效率——基于 ARDL 方法的分析 ［J］. 数理统计与管理, 2009, 28 (5)：913-920.

[20] 徐士元. 技术进步对能源效率影响的实证分析 ［J］. 科研管理, 2009, 30 (6)：16-24.

[21] 董锋, 谭清美, 周德群, 等. 技术进步、产业结构和对外开放程度对中国能源消费量的影响——基于灰色关联分析, 协整检验两步法的实证 ［J］. 中国人口、资源与环境,

2010, 20（6）：22-27.

[22] 宣烨，周绍东. 技术创新、回报效应与中国工业行业的能源效率［J］. 财贸经济，2011，（1）：116-121.

[23] Moya J, Pardo N. The potential for improvements in energy efficiency and CO_2 emissions in the EU27 iron and steel industry under different payback periods ［J］. Journal of Cleaner Production, 2013, 52：71-83.

[24] 刘似臣，秦泽西. 技术进步对我国能源强度影响的实证分析——基于1990—2010年数据［J］. 大连理工大学学报（社会科学版），2013，34（4）：48-52.

[25] Karali N, Xu T, Sathaye J. Reducing energy consumption and CO_2 emissions by energy efficiency measures and international trading：a bottom-up modeling for the US iron and steel sector ［J］. Applied Energy, 2014, 120：133-146.

[26] Hasanbeigi A, Price L. A review of energy use and energy efficiency technologies for the textile industry ［J］. Renewable and Sustainable Energy Reviews, 2012, 16（6）：3648-3665.

[27] Brunke J, Blesl M. A plant-specific bottom-up approach for assessing the cost-effective energy conservation potential and its ability to compensate rising energy-related costs in the German iron and steel industry ［J］. Energy Policy, 2014, 67：431-446.

[28] Hasanbeigi A, Morrow W, Sathaye J, et al. A bottom-up model to estimate the energy efficiency improvement and CO_2 emission reduction potentials in the Chinese iron and steel industry ［J］. Energy, 2013, 50（1）：315-325.

[29] Quadera M, Ahmed S, Raja G, et al. A comprehensive review on energy efficient CO_2 breakthrough technologies for sustainable green iron and steel manufacturing ［J］. Renewable and Sustainable Energy Reviews, 2015, 50：594-614.

[30] Hasanbeigi A, Price L, Zhang C, et al. Comparison of iron and steel production energy use and energy intensity in China and the U. S. ［J］. Journal of Cleaner Production 2014, 65：108-119.

[31] Chen W, Yin X, Ma D. A bottom-up analysis of China's iron and steel industrial energy consumption and CO_2 emissions ［J］. Applied Energy, 2014, 136：1174-1183.

[32] Lin B, Wu Y, Zhang L. Estimates of the potential for energy conservation in the Chinese steel industry ［J］. Energy Policy, 2011, 39（6）：3680-3689.

[33] Wang K, Wang C, Lu X, et al. Scenario analysis on CO_2 emissions reduction potential in China's iron and steel industry ［J］. Energy Policy, 2007, 35（4）：2320-2335.

[34] Hasanbeigi A, Morrow W, Sathaye J, et al. A bottom-up model to estimate the energy efficiency improvement and CO_2 emission reduction potentials in the Chinese iron and steel industry ［J］. Energy, 2013, 50：315-325.

[35] Li Y, Zhu L. Cost of Energy saving and CO_2 emissions reduction in China's iron and steel sector ［J］. Applied Energy, 2014, 130：603-616.

[36] Wen Z, Meng F, Chen M. Estimates of the potential for Energy conservation and CO_2 emissions mitigation based on Asian-Pacific Integrated Model（AIM）：The case of the iron and

steel industry in China [J]. Journal of Cleaner Production, 2014, 65: 120-130.

[37] Zhang S, Worrell E, Crijns-Graus W, et al. Co-benefits of energy efficiency improvement and air pollution abatement in the Chinese iron and steel industry [J]. Energy, 2014, 78: 333-345.

[38] He F, Zhang Q, Lei J, et al. Energy efficiency and productivity change of China's iron and steel industry: accounting for undesirable outputs [J]. Energy Policy, 2013, 54 (54): 204-213.

[39] Dai H, Mischke P, Xie X, et al. Closing the gap? Top-down versus bottom-up projections of China's regional Energy use and CO_2 emissions [J]. Applied Energy, 2016, 162: 1355-1373.

[40] Murphy R, Jaccar, M. Energy efficiency and the cost of GHG abatement: A comparison of bottom-up and hybrid models for the US [J]. Energy Policy 2011, 39, 7146-7155.

[41] Proença S, Aubyn M. Hybrid modeling to support Energy-climate policy: Effects of feed-in tariffs to promote renewable energy in Portugal [J]. Energy Economics, 2013, 38: 176-185.

[42] Fujimori S, Masui T, Matsuoka Y. Development of a global computable general equilibrium model coupled with detailed energy end-use technology [J]. Applied Energy, 2014, 128: 296-306.

[43] Ibrahim H, Ilinca A, Perron J. Energy storage systems-characteristics and comparisons [J]. Renewable and Sustainable Energy Reviews 2008, 12 (5): 1221-1250.

[44] Deane J, Gallachóir B, McKeogh E. Techno-economic review of existing and new pumped hydro Energy storage plant [J]. Renewable and Sustainable Energy Reviews 2010, 14 (4): 1293-1302.

[45] Liu C, Li F, Ma L P, et al. Advanced materials for Energy storage [J]. Advanced Materials, 2010, 22 (8): 28-62.

[46] 河北省物价局. 关于河北省级电网 2017~2019 年输配电价通知 [EB/OL]. (2019-03-25). http: //www. hebwj. gov. cn/News. aspx? sole = 20170204142027390.

[47] Huang D, Billinton R. Effects of load sector demand side management applications in generating capacity adequacy assessment [J]. IEEE Transactions on Power Systems, 2012, 27 (1): 335-343.

[48] Babu C, Ashok S. Peak load management in electrolytic process industries [J]. IEEE Transactions on Power Systems 2008, 23 (2): 399-405.

[49] 付蔚, 敬章浩, 罗志勇, 等. 基于分时电价的智能家电控制方案 [J]. 电网技术, 2015, 39 (3): 717-723.

[50] Chen H, Cong T, Yang W, et al. Progress in electrical energy storage system: a critical review [J]. Progress in Natural Science 2009, 19 (3): 291-312.

[51] Sun Y, Wang S, Xiao F, et al. Peak load shifting control using different cold thermal energy storage facilities in commercial buildings: A review [J]. Energy Conversion and Management 2013, 71: 101-114.

［52］ Ashok S. Peak-load management in steel plants ［J］. Applied Energy 2006, 83 （5）: 413-424.

［53］ 葛少云, 黄缪, 刘洪. 电动汽车有序充电的峰谷电价时段优化 ［J］. 电力系统保护与控制, 2012, （10）: 1-5.

［54］ 国家能源局. 2017 年全国电力可靠性年度报告 ［R］. 北京: 国家能源局, 2018.

［55］ 杨志平, 李柯润, 王宁玲, 等. 考虑经济性与环保性的火电机组调峰补偿机制 ［J］. 工程热物理学报, 2018, 39 （10）: 2124-2130.

［56］ 余正环, 邢跃, 朱基木, 等. 大型联合钢铁企业低中热值煤气发电综合利用的优化分析 ［J］. 宝钢技术, 2011 （1）: 20-28.

［57］ 王凯, 黄葆华, 司派友. 火电机组调峰裕度的影响因素研究 ［J］. 节能技术, 2012, 30 （1）: 52-54.

［58］ 刘福国, 蒋学霞, 李志. 燃煤发电机组负荷率影响供电煤耗的研究 ［J］. 电站系统工程, 2008, 24 （4）: 47-49.

［59］ 刘树华, 李树人. 关于华中电网火电机组调峰方式的探讨 ［J］. 汽轮机技术, 2000, 42 （3）: 170-176.

［60］ Bureau of International Recycling. World steel recycling in figure ［R］. Belgium: Bureau of International Recycling, 2018.

［61］ 彭锋, 李晓. 中国电炉炼钢发展现状和趋势 ［J］. 钢铁, 2017, 52 （4）: 7-12.

［62］ 刘树洲. 中国废钢铁产业现状及发展前景展望 ［J］. 资源再生, 2014 （10）: 22-24.

［63］ 徐匡迪, 洪新. 电炉短流程回顾和发展中的若干问题 ［J］. 中国冶金, 2005 （7）: 1-8.

［64］ World Steel Association. Global steel industry outlook, challenges and opportunities ［R］. Belgium: World Steel Association, 2017.

［65］ 张晨凯. 工业节能减排潜力与协同控制分析——以钢铁行业为例 ［D］. 北京: 清华大学, 2015.

［66］ 孙慧, 李伟. 天然气如何在节能减排中发挥作用 ［J］. 石油规划设计, 2009, 20 （5）: 7-9.

［67］ 国家统计局能源统计司. 中国能源统计年鉴 （2012~2015） ［M］. 北京: 中国统计出版社, 2013~2016.

［68］ United States Environment Protection Agency （EPA）. Available and Emerging Technologies for Reducing Greenhouse Gas Emissions from the Iron and Steel Industry ［R］. North Carolina: U. S. EPA, 2012.

［69］ Japanese Smart Energy Products & Technologies. Waste Heat Recovery System 2015 ［EB/OL］. （2019-03-25）. http: //www. jase-w. eccj. or. jp/technologies/pdf/iron_steel/S-01. pdf.

［70］ 家节能中心. 烧结余热回收利用技术 ［EB/OL］. （2019-03-25）. http: //jnjs. 0co2. com. cn/jnzx_web/technology/1225/details. html.

［71］ ShinichiroYamana. History and Prospect of Philippine Sinter Corporation 2009 ［J］. JFE Technical Report, 2009, （13）: 14-20.

［72］ 国家节能中心. 球团废热循环利用 ［EB/OL］. （2019-03-25）. http: //jnjs. 0co2. com.

cn/jnzx_web/technology/1226/details. html.

[73] American Iron and Steel Institute. The State-of-the-Art Clean Technologies (SOACT) for Steel-making Handbook (2nd Edition) [R]. Washington, DC: American Iron and Steel Institute, 2010.

[74] New Energy and Industrial Technology Development Organization (NEDO). Japanese technologies for Energy savings/GHG emissions reduction 2008 [R]. Kawasaki: NEDO, 2008.

[75] Fan H, Chen X, Wang Y. Expert System for Sintering Process Control [J]. Expert Systems, 2010 (1): 65-90.

[76] Kronberger T, Schaler M, Schönegger C. Latest generation sinter process optimization systems [J]. Sintering Methods and Products, 2012, (3): 1-22.

[77] JFE Steel Corporation. Countermeasures for prevention of air leakage at sintering machine and their effects [EB/OL]. (2019-03-25). http://www. jfe-steel. co. jp/archives/en/ksc_giho/no. 15/e15-009-015. pdf.

[78] 国家节能中心. 降低烧结漏风率技术 [EB/OL]. (2019-03-25). http://jnjs. 0co2. com. cn/jnzx_web/technology/1221/details. html.

[79] 国家节能中心. 厚料层烧结技术 [EB/OL]. (2019-03-25). http://jnjs. 0co2. com. cn/jnzx_web/technology/1215/details. html.

[80] 国家发展和改革委员会. 国家重点节能技术推广目录 (第六批) [R]. 北京: 国家发展和改革委员会, 2013.

[81] 赵树泽. 酒钢烧结机小球烧结的生产实践 [J]. 河北冶金, 2011 (1): 23-24.

[82] 马贤国. 鞍钢二烧车间小球团烧结工艺参数试验研究 [J]. 烧结球团, 2000, 25 (6): 7-13.

[83] 国家节能中心. 小球烧结工艺技术 [EB/OL]. (2019-03-25). http://jnjs. 0co2. com. cn/jnzx_web/technology/1220/details. html.

[84] 国家节能中心. 低温烧结工艺技 [EB/OL]. (2019-03-25). http://jnjs. 0co2. com. cn/jnzx_web/technology/1222/details. html.

[85] 国家节能中心. 链篦机-回转窑技术 [EB/OL]. (2019-03-25). http://jnjs. 0co2. com. cn/jnzx_web/technology/1216/details. html.

[86] 国家发展和改革委员会. 国家重点节能技术推广目录 (第五批) [R]. 北京: 国家发展和改革委员会, 2012.

[87] 张家元, 张加楠, 田万一. 烧结环冷机液密封数值仿真研究 [J]. 冶金设备, 2014 (3): 1-13.

[88] Japanese Smart Energy Products &Technologies. Coal Moisture Control [EB/OL]. (2019-03-25). http://www. jase-w. eccj. or. jp/technologies/pdf/iron_steel/S-11. pdf.

[89] Japan coal energy center. Coke Dry Quenching Technology [EB/OL]. (2019-03-25). http://www. jcoal. or. jp/eng/cctinjapan/2_3A5. pdf.

[90] Japanese Smart Energy Products & Technologies. Coke Dry Quenching Process [EB/OL]. (2019-03-25). http://www. jase-w. eccj. or. jp/technologies/pdf/iron_steel/S-03. pdf.

［91］ 郑文华. 捣固炼焦技术的发展和应用［J］. 河南冶金，2008（1）：6-8.

［92］ 国家节能中心. 捣鼓炼焦技术［EB/OL］.（2019-03-25）. http：//jnjs. 0co2. com. cn/ jnzx_web/technology/1224/details. html.

［93］ International Energy Agency（IEA）. Tracking industrial Energy efficiency and CO$_2$ emissions ［M］. Paris：International Energy Agency，2007.

［94］ Madias J，Cordova M. Non-Recovery/Heat Recovery Cokemaking：A Review of Recent Developments［C］.//AISTech Proceedings，2011（1）：235-252.

［95］ Japan Coal Energy Center. Super Coke Oven for Productivity and Environment Enhancement—Toward the 21st Century［EB/OL］.（2019-03-25）. http：//www. jcoal. or. jp/eng/cctinjapan/2_3A4. pdf.

［96］ Japan Coal Energy Center. Pulverized Coal Injection for Blast Furnaces［EB/OL］.（2019-03-25）. http：//www. jcoal. or. jp/eng/cctinjapan/2_3A2. pdf.

［97］ Japanese Smart Energy Products & Technologies. Waste Plastics Injection System for Blast Furnace［EB/OL］.（2019-03-25）. http：//www. jase-w. eccj. or. jp/technologies/pdf/iron _steel/S-02. pdf.

［98］ Asanuma M，Terada K，Inoguchi T，et al. Development of waste plastics pulverization for blast furnace injection［J］. JFE Technical Report，2014，19：110.

［99］ Machida S，Sato H，Takeda K. Development of the process for producing pre-reduced agglomerates［J］. JFE Technical Report，2009（13）：7-13.

［100］ Richlen S. Using coke oven gas in a blast furnace saves over 6 ＄ million anually at a steel mill ［R］. Washington：US Department of Energy，2000.

［101］ Japanese Smart Energy Products & Technologies. Top-Pressure Recovery Turbine Plant （TRT）［EB/OL］.（2019-03-25）. http：//www. jase-w. eccj. or. jp/technologies/pdf/ iron_steel/S-08. pdf.

［102］ Sun J. CBR Applications in Combustion Control of Blast Furnace Stoves［C］.//Proceedings of the International Multi Conference of Engineers and Computer Scientists，2008，1：19-21.

［103］ Klinger A，Kronberger T，Schaler M，et al. Expert systems controlling the iron making process in closed loop operation［M］. Austria：Intech Open，2010.

［104］ 国家发展和改革委员会. 国家重点节能技术推广目录（第二批）［R］. 北京：国家发展和改革委员会，2009.

［105］ 国家节能中心. 高炉热风炉双余热技术［EB/OL］.（2019-03-25）. http：//jnjs. 0co2. com. cn/jnzx_web/technology/1233/details. html.

［106］ 王有欣，王英才，张博智. 高炉热风炉采用的双预热技术［J］. 冶金能源，2013，32 （1）：49-50.

［107］ 国家节能中心. 高炉煤气汽动鼓风［EB/OL］.（2019-03-25）. http：//jnjs. 0co2. com. cn/jnzx_web/technology/1234/details. html.

［108］ 国家节能中心. 煤气干法布袋除尘［EB/OL］.（2019-03-25）. http：//jnjs. 0co2. com. cn/jnzx_web/technology/1235/details. html.

[109] Japanese Smart Energy Products & Technologies. Dry-process Dust Collector for Blast Furnaces [EB/OL]. (2019-03-25). http：//www. jase-w. eccj. or. jp/technologies/pdf/iron_steel/S-13. pdf.

[110] 国家节能中心. 高炉渣综合利用 [EB/OL]. (2019-03-25). http：//jnjs. 0co2. com. cn/jnzx_web/technology/1237/details. html.

[111] Japanese Smart Energy Products & Technologies. Top Combustion Hot Blast Stove [EB/OL]. (2019-03-25). http：//www. jase-w. eccj. or. jp/technologies/pdf/iron_steel/S-15. pdf.

[112] Machida S, Sato H, Takeda K. Development of the process for producing pre-reduced agglomerates [J]. JFE Technical Report, 2009 (13)：7-13.

[113] Japanese Smart Energy Products & Technologies. Exhaust Heat Recovery System for Hot Air Stoves [EB/OL]. (2019-03-25). http：//www. jase-w. eccj. or. jp/technologies/pdf/iron _steel/S-14. pdf.

[114] Japanese Smart Energy Products & Technologies. Oxygen Converter Gas Treatment System [EB/OL]. (2019-03-25). http：//www. jase-w. eccj. or. jp/technologies/pdf/iron_steel/S-06. pdf.

[115] U. S. Department of Energy. Waste heat recovery-Technology and Opportunities in U. S. Industry [EB/OL]. (2019-03-25). http：//www1. eere. Energy. gov/manufacturing/intensiveprocesses/pdfs/waste_heat_recovery. pdf.

[116] U. S. Department of Energy. Reducing BOF hood scrubber energy costs at a steel mill [EB/OL]. (2019-03-25). http：//www. nrel. gov/docs/fy99osti/25997. pdf.

[117] 刘浏. 中国转炉"负能炼钢"技术的发展与展望 [J]. 中国冶金, 2009, 19 (11)：33-39.

[118] 国家节能中心. 转炉"负能炼钢" [EB/OL]. (2019-03-25). http：//jnjs. 0co2. com. cn/jnzx_web/technology/1238/details. html.

[119] 国家节能中心. 转炉煤气干法除尘 [EB/OL]. (2019-03-25). http：//jnjs. 0co2. com. cn/jnzx_web/technology/1243/details. html.

[120] Smart Energy Products & Technologies. Waste Heat Recovery for EAF [EB/OL]. (2019-03-25). http：//www. jase-w. eccj. or. jp/technologies/pdf/iron_steel/S-04. pdf.

[121] Thomson M, Evenson E, Kempe M, et al. Control of greenhouse gas emissions from electric arc furnace steelmaking：evaluation methodology with case studies [J]. Ironmaking & steelmaking, 2000, 27 (4)：273-279.

[122] U. S. Department of Energy. Steel reheating for further processing [EB/OL]. (2019-03-25). http：//www. nrel. gov/docs/fy99osti/24306. pdf.

[123] Kiselev A, Zinurov I, Makarov D, et al. Effectiveness of using oxygen-gas burners in modern arc steelmaking furnaces [J]. Metallurgist, 2006, 50 (9-10)：529-533.

[124] 国家节能中心. 电炉优化供电技术 [EB/OL]. (2019-03-25). http：//jnjs. 0co2. com. cn/jnzx_web/technology/1244/details. html.

[125] 冯琳, 毛志忠, 袁平. 改进多目标粒子群算法及其在电弧炉供电优化中的应用 [J].

Control Theory & Applications，2011，28（10）：1455-1460.

［126］ 袁平，王福利，毛志忠. SR 电弧炉熔化期供电优化模型［J］. 东北大学学报（自然科学版），2005，26（10）：930-933.

［127］ 国家节能中心. 废钢加工预处理［EB/OL］.（2019-03-25）. http：//jnjs. 0co2. com. cn/jnzx_web/technology/1246/details. html.

［128］ 王洪兵，杨宝权. 电炉炼钢中废钢预热技术的发展［J］. 世界钢铁，2005，5（006）：6-13.

［129］ Pan H. Necessity Analysis of Tundish Heating Technology Application［J］. Applied Mechanics and Materials，2012，217：2519-2522.

［130］ Gordin R. Nucor Corporation：A Study on Evolution Toward Strategic Fit［EB/OL］.（2019-03-25）. http：//repository. upenn. edu/cgi/viewcontent. cgi？article = 1000&context = od_theses_msod.

［131］ 宋仁伯，康永林，孙建林，等. 半固态 60Si2Mn 直接轧制成形技术的研究［J］. 特种铸造及有色合金，2002（5）：13-15.

［132］ Sosinsky D，Campbell P，Mahapatra R，et al. The CASTRIP® process-recent developments at Nucor Steel's commercial strip casting plant［J］. Metallurgist，2008，52（11-12）：691-699.

［133］ National Energy Conservation Center. Continuous casting scheduling optimization［EB/OL］.（2019-03-25）. http：//www. 0co2. com. cn/view. php？aid=50&top=&son=&cat.

［134］ Li J，Xiao X，Tang Q，et al. Production scheduling of a large-scale steelmaking continuous casting process via unit-specific event-based continuous-time models：Short-term and medium-term scheduling［J］. Industrial & Engineering Chemistry Research，2012，51（21）：7300-7319.

［135］ U. S. Department of Energy. Hot strip mill transfer barrapidfire edge heat project［EB/OL］.（2019-03-25）. http：//www. nrel. gov/docs/fy01osti/29373. pdf.

［136］ Hatanaka T，Kayama M，Yoshinari E，et al. Steel Industry Systems with Integrated Mechanical and Electrical Control for High-quality Production and Energy Efficiency［J］. Hitachi Review，2010，59（4）：159.

［137］ Bösler R，Kahle K，Lamp H，et al. Operational results of roll gap lubrication at Eko Stahl's hot strip mill［J］. Revue de Métallurgie-International Journal of Metallurgy，2003，100（7-8）：707-712.

［138］ Pavitra，Suchitra G. Energy Conservation Opportunity in a hot Steel Rolling Mill（HSL）by using Variable Frequency Drive in Descaler Unit［EB/OL］.（2019-03-25）. http：//www. iraj. in/up_proc/pdf/83-140239536083-86. pdf.

［139］ 国家节能中心. 连铸坯热装热送［EB/OL］.（2019-03-25）. http：//jnjs. 0co2. com. cn/jnzx_web/technology/1248/details. html.

［140］ Shamanian M，Najafizadeh A. Hot charge of continuously cast slabs in reheating furnaces［J］. International Journal of ISSI，2004，1（1）：35-37.

[141] Chen L, Tang L, Luo R. Differential evolution algorithm for hot rolling process optimization [C] //Automation and Logistics, 2009. ICAL'09. IEEE International Conference on. IEEE, 2009: 1856-1860.

[142] Zhuchkov S, Kulakov L, Lokhmatov A, et al. Ways of reducing Energy costs in the continuous rolling of sections [J]. Metallurgist, 2004, 48 (3): 174-180.

[143] 朱文君. 连续退火机组烟气余热回收技术和设计要点 [J]. 轧钢, 2014, 31 (6): 75-77.

[144] U. S. Department of Energy. Thermochemical Recuperation for High Temperature Furnaces [EB/OL]. (2019-03-25). http://energy.gov/sites/prod/files/2014/05/f16/thermochemical _recuperation. pdf.

[145] 晁月林, 邓素怀, 王丽萍, 等. 低温轧制温度对 GCr15 轴承钢组织的影响 [J]. 金属热处理, 2014 (4): 68-71.

[146] 戴克玉. 低温轧制技术在棒线材生产中的应用 [J]. 安徽冶金, 2007 (3): 14-17.

[147] 完卫国, 李祥才. 棒线材低温轧制技术发展 [J]. 中国冶金, 2005 (1): 11-16.

[148] 国家节能中心. 低温轧制技术 [EB/OL]. (2019-03-25). http://jnjs. 0co2. com. cn/ jnzx_web/technology/1249/details. html.

[149] Arvedi G, Mazzolari F, Bianchi A. The Arvedi Endless Strip Production line (ESP): From liquid steel to hot-rolled coil in seven minutes [J]. Revue de Métallurgie, 2008, 105 (7): 398-407.

[150] 国家节能中心. 在线热处理技术 [EB/OL]. (2019-03-25). http://jnjs. 0co2. com. cn/jnzx_web/technology/1251/details. html.

[151] 国家节能中心. 氧化铁皮资源化 [EB/OL]. (2019-03-25). http://jnjs. 0co2. com. cn/jnzx_web/technology/1253/details. html.

[152] U. S. Department of Energy. Improving Process Heating System Performance: A Sourcebook for Industry [R]. Washington, DC: U. S. Department of Energy, 2004.

[153] 何建锋. 冷轧板连续退火技术及其应用 [J]. 上海金属, 2004, 26 (4): 50-53.

[154] 邝霜, 康永林, 于浩, 等. 冷轧双相钢连续退火组织的转变 [J]. 钢铁, 2007, 42 (11): 65-68.

[155] 国家节能中心. 能源管理中心及优化调控技术 [EB/OL]. (2019-03-25). http://jnjs. 0co2. com. cn/jnzx_web/technology/1255/details. html.

[156] 郑志伟. 基于 FLUENT 的加热炉模拟与优化 [D]. 北京: 中石油大学, 2010.

[157] 国家节能中心. 全燃高炉煤气发电 [EB/OL]. (2019-03-25). http://jnjs. 0co2. com. cn/jnzx_web/technology/1257/details. html.

[158] 国家节能中心. 原料厂粉尘抑制 [EB/OL]. (2019-03-25). http://jnjs. 0co2. com. cn/jnzx_web/technology/1258/details. html.

[159] 国家节能中心. 冶炼废水深度处理 [EB/OL]. (2019-03-25). http://jnjs. 0co2. com. cn/jnzx_web/technology/1365/details. html.

[160] 国家节能中心. 炼铁工序的优化 [EB/OL]. (2019-03-25). http://jnjs. 0co2. com.

cn/jnzx_web/technology/1263/details. html.

[161] Hasanbeigi A, Price L. A review of Energy use and energy efficiency technologies for the textile industry [J]. Renewable and Sustainable Energy Reviews 2012, 16: 3648-3665.

[162] U. S. Department of Energy. Steam systems [EB/OL]. (2019-03-25). http://www. Energy. gov/eere/amo/steam-systems.

[163] U. S. Department of Energy. Compressed Air. [EB/OL]. (2019-03-25). http://www. energy. gov/eere/amo/compressed-air-systems.

[164] U. S. Department of Energy. Distributed Energy/Combined Heat and Power (CHP). [EB/OL]. (2019-03-25). http://www. energy. gov/eere/amo/chp-deployment.

[165] U. S. Department of Energy. Motor systems [EB/OL]. (2019-03-25). http://energy. gov/eere/amo/motor-systems.

[166] U. S. Department of Energy. Pump Systems [EB/OL]. (2019-03-25). http://www. energy. gov/eere/amo/pump-systems.

[167] U. S. Department of Energy. Fans Systems [EB/OL]. (2019-03-25). http://www. energy. gov/eere/amo/fan-systems.

[168] U. S. Department of Energy. Heating systems [EB/OL]. (2019-03-25). http://www. energy. gov/eere/amo/process-heating-systems.

[169] 《中国钢铁工业年鉴》编辑委员会. 中国钢铁工业年鉴 2015~2017 [M]. 北京: 中国冶金出版社, 2015~2017.

[170] He K, Wang L, Zhu H, et al. Energy-Saving Potential of China's Steel Industry According to Its Development Plan [J]. Energies, 2018, 11 (4): 948.

[171] 韩珍堂. 中国钢铁工业竞争力提升战略研究 [D]. 北京: 中国社会科学院研究生院, 2014.

[172] 中华人民共和国国家统计局. 中国统计年鉴 2017 [M]. 北京: 中国统计出版社, 2018.

[173] 王维兴. 钢铁工业能耗现状和节能潜力分析 [J]. 中国钢铁业, 2011 (4): 19-22.

[174] 中国钢铁工业协会. 钢铁统计数据 [EB/OL]. (2019-03-25). http://www. chinaisa. org. cn/gxportal/login. jsp.

[175] 《中国钢铁工业年鉴》编辑委员会. 中国钢铁工业年鉴 2007~2014 [M]. 北京: 中国冶金出版社, 2008~2015.

[176] The Research Institute of Innovative Technology for the Earth. Estimated Energy Unit Consumption in 2010 [EB/OL]. (2019-03-25). https://www. rite. or. jp/system/en/global-warming-ouyou/download-data/E-Comparison_EnergyEfficiency2010steel. pdf.

[177] The Japanese Iron and Steel Federation. Activities of Japanese steel industry to Combat Global Warming [EB/OL]. (2019-03-25). http://www. jisf. or. jp/en/activity/climate/documents/ActivitiesofJapanesesteelindustrytoCombatGlobalWarming. pdf.

[178] 国家统计局能源统计司. 中国能源统计年鉴 (2016~2017) [M]. 北京: 中国统计出版社, 2017~2018.

[179] World Steel Association. Statistics [EB/OL]. (2019-03-25). https://www. worldsteel.

org/steel-by-topic/statistics. html.

[180] Statistics Bureau of Japan. Statistics data [EB/OL]. (2019-03-25). http://www. stat. go. jp/english/data/index. html.

[181] 国家统计局. 统计数据 [EB/OL]. (2019-03-25). http://www. stats. gov. cn/Tjsj/

[182] 孟华. 钢铁企业自备电厂机组配置优化及煤气优化调度研究 [D]. 昆明:昆明理工大学, 2013.

[183] Ding Y, Deming S. High-efficiency utilization of waste heat at fully integrated steel plant [J]. Iron Steel 2011, 46 (10): 88-98.

[184] Cai J, Wang J, Chen C, et al. Recovery of residual heat integrated steelworks [J]. Iron Steel 2007, 42 (6): 1-7.

[185] 唐顺兵, 闫魁红. 大型高炉提高利用系数的措施 [J]. 中国冶金, 2012, 22 (5): 29-33.

[186] 项钟庸, 王筱留, 银汉. 再论高炉生产效率的评价方法 [J]. 钢铁, 2013, 48 (3): 86-91.

[187] 傅杰. 现代电弧炉冶炼周期综合控制理论及应用 [J]. 北京科技大学学报, 2004, 26 (6): 588-595.

[188] 袁平. 电弧炉冶炼过程行进控制方法的研究与应用 [D]. 沈阳:东北大学, 2006.

[189] 曾玉娇. 钢铁企业电力系统有功和无功优化调度问题的研究 [D]. 北京:钢铁研究总院, 2015.

[190] 张琦, 蔡九菊, 王建军, 等. 钢铁厂煤气资源的回收与利用 [J]. 钢铁, 2009, 44 (12): 96-99.

[191] 李雨. 提高钢铁企业煤气综合利用降低煤气放散的探讨 [J]. 冶金能源, 2011, 30 (2): 3-5.

[192] 张琦. 钢铁联合企业煤气资源合理利用及优化分配研究 [D]. 沈阳:东北大学, 2008.

[193] 姜仲明, 马述军, 司铁明. 热控系统对火力发电机组调峰运行性能影响的技术分析 [J]. 黑龙江电力, 2004, 26 (2): 106-109.

[194] 张辉, 贾思宁, 范菁菁. 燃气与燃煤电厂主要污染物排放估算分析 [J]. 环境工程, 2010, 30 (3): 59-62.

[195] 杨勇平, 杨志平, 徐钢, 等. 中国火力发电能耗状况及展望 [J]. 中国电机工程学报, 2013, 33 (23): 1-12.

[196] 邢述彦, 唐英彪. 抽水蓄能电站调峰填谷节煤计算及评价 [J]. 水电能源科学, 1998, 16 (2): 6-11.

[197] 许强, 李震宇, 胡斯翰, 等. 不同规模火电机组排污负荷实测分析 [J]. 环境污染与防治, 2012, (1): 72-74.

[198] 中国环境保护协会脱硫脱硝委员会. 2016 年燃煤烟气脱硫脱硝行业发展 [EB/OL]. (2019-03-25). http://www. chinaapca. com/uploadfile/2017/0620/20170620123221936. pdf.

[199] 中华人民共和国住房和城乡建设部. GB 50632—2010 钢铁企业节能设计规范 [S]. 北

京：中国计划出版社，2011.

[200] 杜涛. 工业分行业废气排放及处理情况［D］. 沈阳：东北大学，2005.

[201]《冶金管理》编辑部. 2017 年全球钢铁企业粗钢产量排名解析［J］. 冶金管理，2018，6：4-15.

[202] Gu Z. New type gas tank［M］. Beijing：Metallurgical Industry Press，2010.

[203] He K，Zhu H，Wang L. A new coal gas utilization mode in China's steel industry and its effect on power grid balancing and emission reduction［J］. Applied Energy，2015，154：644-650.

[204] Worrell E，Price L，Neelis M. World best practice Energy intensity values for selected industrial sectors 2007［EB/OL］.(2019-03-25). https：//eaei. lbl. gov/sites/all/files/industrial _best_practice_en. pdf.

[205] 中华人民共和国国家标准化委员会. GB 21256—2013 粗钢生产主要工序单位产品能源消耗限额［S］. 北京：中国标准出版社，2013.

[206] 中华人民共和国工业和信息化部. 钢铁行业能耗、环保指标要求 2010［EB/OL］.（2019-03-25）. http：//www. miit. gov. cn/n1146285/n1146352/n3054355/n3057542/n3057545/c3545221/part/3545223. pdf.